国 特色农产品精萃

农业农村部市场与信息化司◎组织编写

中国农业出版社
北　京

编 委 会

编写人员名单

编写人员（按姓名笔画排序）：

刁乾超　于　丹　于智普　王元元
王文静　王光华　王华勇　王若愚
王建中　王琰琨　王雅兰　文　波
左　露　成　荣　朱建国　任晨阳
全　兴　刘　宝　许玉生　杜罗阳
杨曦林　李业超　李　夷　李明路
肖　伟　何　霞　汪　燃　沙马提
张天翊　张正红　张　乐　张　扬
张　军　张凌云　张雯婷　张　霞
郑　军　降春雯　赵浩森　贺　伟
钱　玮　娜木罕　阎万贵　蒋丽香
谢扬波　樊虎玲　德　吉

绘图人员：

满　逸　孙振刚　辛　颖　贺　雨
刘小莹　喻　薇　刘堃鹏　李可心
翁　卫

设计人员：

姜　欣　王　怡　李　文　李向向

品牌荣誉解读

2017中国农产品百强区域公用品牌

2017中国农产品百强区域公用品牌由第十五届中国国际农产品交易会组委会委托中国绿色食品发展中心、中国农村杂志社负责组织评选。获选品牌普遍具有较强市场号召力、影响力和公信力，均获得农产品地理标志认证、登记或注册。

中国特色农产品优势区
（第一批）

中国特色农产品优势区创建和遴选工作由农业部、中央农村工作领导小组办公室、国家发展和改革委员会、财政部、国家林业局、科学技术部、国土资源部、环境保护部、水利部等九部门共同组织。

农业部农产品地理标志

农业部负责全国农产品地理标志的登记工作，农业部农产品质量安全中心负责农产品地理标志登记的审查和专家评审工作。

中国地理标志保护产品

《地理标志产品保护规定》经国家质量监督检验检疫总局局务会议审议通过，自2005年7月15日起施行。地理标志保护产品是指产自特定地域，所具有的质量、声誉或其他特性取决于该产地的自然因素和人文因素，经审核批准以地理名称进行命名的产品。

中国地理标志证明商标

国家工商行政管理总局发布《集体商标、证明商标注册和管理办法》，明确规定了集体商标、证明商标和地理标志注册、使用和管理有别于普通商标的特殊要求和规定。于2003年6月1日起实施。申请地理标志证明商标是目前国际上保护特色产品的一种通行做法。

2017年最受消费者喜爱的中国农产品区域公用品牌

2017年最受消费者喜爱的中国农产品区域公用品牌是由中国优质农产品开发服务协会经过组织评选出来的。获得此项殊荣的100个品牌项目，涉及粮食、油料、蔬菜、瓜果、茶叶、肉类、鱼类、虾蟹等品类。

有机食品认证

有机食品认证执行有机产品的国家标准《GB19630.1–4–2011》，通过认证证明该食品的生产、加工、储存、运输和销售点等环节均符合有机食品的标准。

绿色食品认证

绿色食品认证依据的是农业部绿色食品行业标准。绿色食品是指产自优良生态环境、按照绿色食品标准生产、实行全程质量控制并获得绿色食品标志使用权的安全、优质食用农产品及相关产品。

特别提醒

本书正文加载有70余个产品二维码视频，请扫码观看视频。

前 言

我国幅员辽阔，地理气候多样，农业资源丰富，农耕文明悠久，为特色农产品开发利用提供了得天独厚的自然和人文资源。多年来，各地各部门立足资源禀赋，大力推进特色农业产业发展，优势产业带（区）规模化、专业化水平显著提升，特色农产品的品种结构和品质不断优化，质量效益和竞争力明显增强。

随着我国经济社会不断发展，城乡居民消费结构持续升级，对农产品品牌化、个性化、多样化需求快速增加，特色农产品市场呈现出购销两旺的态势。习近平总书记强调，要把现代特色农业这篇文章做好。农业农村部认真落实中央部署要求，坚持质量兴农，以市场为导向，加快调整优化农业结构，促进绿色化、优质化、特色化、品牌化发展，大力发展优势特色产业。2017年以来，农业农村部会同国家发展和改革委员会、财政部、国家林业局等八部门认定了首批62个中国特色农产品优势区，印发了《农业农村部关于加快推进品牌强农的意见》（农市发〔2018〕3号），借助中国国际农产品交易会、中国国际茶叶博览会等国际性农业展会平台，推选了“中国十大茶叶区域公用品牌”“2017中国农产品百强区域公用品牌”。首届中国农民丰收节期间，重点对百强区域公用品牌进行了宣传推介。

为助力乡村振兴战略实施，提升特色农业产业化、品牌化、市场化水平，促进农业提质增效和农民增收致富，从2018年4月开始，农业农村部市场与信息化司组织全国31个省（区、市）以及新疆生产建设兵团农业部门开展了《中国特色农产品精萃》编写工作，精选推出了在全国或区域范围内具有较强品牌影响力和辐射带动能力的500多个特色农产品，涵盖粮油、果品、蔬菜、茶叶、畜产品、水产品等，以简明生动、图文并茂的形式介绍其产地、品质、文化及品牌等特点。

希望此书能够成为读者了解我国特色农产品的窗口，共享共建，关注农业，共同致力于特色农业产业发展，为广大消费者认知和选购特色农产品提供指南，发挥引导产业转型升级，塑强特色品牌，提振消费信心，促进农民增收的积极作用。

编　者

2018年10月

目 录

北京市特色农产品

推荐单位：北京市农业局

平谷大桃
大兴西瓜
北京鸭
昌平草莓
延怀河谷葡萄
通州大樱桃
京西稻
庞各庄金把黄鸭梨
妙峰山玫瑰
海淀玉巴达杏
泗家水红头香椿
安定桑葚
茅山后佛见喜梨
延庆国光苹果

平谷大桃 Pinggu Datao

平谷大桃生产历史悠久，早在明清时期已有皇家贡桃之说。有白桃、蟠桃、油桃和黄桃四大桃系列。设施栽培的品种能够实现3月至10月底均有鲜桃上市。荣获2017中国农产品百强区域公用品牌。

大兴西瓜作为宫廷贡瓜的历史一直延续到清代，至今人们还把这里生产的西瓜叫做贡瓜。大兴西瓜产量高，含糖量高，酥脆多汁。荣获2017中国农产品百强区域公用品牌。

大兴西瓜 Daxing Xigua

北京鸭 Beijing Ya

北京鸭对于气候环境有着很强的适应能力，抗病性能强，是北京烤鸭的唯一正宗原料鸭种。荣获2017年农业部农产品地理标志。

昌平草莓 Changping Caomei

昌平草莓果肉质地细腻，口感纯正、香味浓郁、品质优，果实硬度较大，耐贮运。荣获2010年农业部农产品地理标志。

延怀河谷葡萄

Yanhuai Hegu Putao

延怀河谷葡萄富含有机酸、矿物质及多种维生素和氨基酸，风味浓郁。荣获2014年农业部农产品地理标志。

通州大樱桃

Tongzhou Dayingtao

通州大樱桃果肉肥厚细腻，柔韧多汁，皮薄而脆；果实糖度高，酸甜适口，风味独特。荣获2011年农业部农产品地理标志。

京西稻 Jingxi Dao

京西稻米粒椭圆丰腴、透明，米饭富有油性、黏而不糯、清香有弹性。荣获2016年农业部农产品地理标志、2017年第十五届中国国际农产品交易会金奖。

庞各庄金把黄鸭梨 Panggezhuang Jinba Huangyali

庞各庄金把黄鸭梨香味浓郁，肉质细脆。荣获2015年农业部农产品地理标志。

妙峰山玫瑰 Miaofengshan Meigui

妙峰山玫瑰花瓣可食用，香气浓郁，玫瑰油含量高、品质好。荣获2011年农业部农产品地理标志。

海淀 玉巴达杏

Haidian Yubada Xing

农业部农产品地理标志产品

泗家水 Sijiashui 红头香椿

Hongtou Xiangchun

农业部农产品地理标志产品

农业部农产品地理标志产品

Anding Sangshen

安定桑葚

茅山后 佛见喜梨

Maoshanhou Fojianxi Li

农业部农产品地理标志产品

延庆 国光苹果

Yanqing Guoguangpingguo

农业部
农产品地理标志

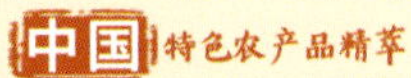

天津市特色农产品

推荐单位：天津市农村工作委员会

- 小站稻
- 沙窝萝卜
- 七里海河蟹
- 茶淀玫瑰香葡萄
- 天津板栗
- 宝坻黄板泥鳅
- 宝坻天鹰椒
- 盘山磨盘柿
- 宝坻大蒜
- 黄花山核桃
- 田水铺萝卜
- 黄庄大米
- 东马房豆腐丝
- 州河鲤鱼
- 宝坻大葱
- 红花峪桑葚

小站稻 Xiaozhan Dao

小站稻以米粒晶莹剔透、浓香适口、回味甘醇的品质特征和著名的地域人文内涵而闻名中外，并成为皇室贡米，小站稻由此而成名。荣获2009年中国地理标志证明商标、中国著名商标。

沙窝萝卜 Shawo Luobo

沙窝萝卜外形为圆柱状，表皮光滑细腻，肉色翠绿，甜辣可口，鲜嫩多汁，含有多种酶和维生素，具有杀菌、祛痰、止咳、利尿等功效。荣获2017中国农产品百强区域公用品牌。

七里海河蟹

Qilihai Hexie

七里海河蟹曾为清朝时期宫廷贡品，蛋白质含量高、脂肪含量低，膏满黄肥，风味独特。荣获2006年中国地理标志保护产品认证。

茶淀玫瑰香葡萄

Chadian Meiguixiang Putao

茶淀玫瑰香葡萄是国家级玫瑰香葡萄标准化生产技术推广项目品种，处于国内先进水平。荣获2007年中国地理标志保护产品认证。

天津板栗 Tianjin Banli

天津板栗作为美味佳品，不仅对人体有滋补功能，还可入药治病。荣获2010年中国地理标志保护产品认证。

宝坻黄板泥鳅 Baodi Huangban Niqiu

宝坻黄板泥鳅蛋白质含量高，其中脂肪中不饱和脂肪酸含量为78.86%，并富含钙、磷、铁等元素以及多种维生素。荣获2017年天津市知名农产品品牌。

宝坻天鹰椒 Baodi Tianyingjiao

宝坻天鹰椒是外贸出口型辣椒，辣度高，享誉海内外。荣获2011年农业部农产品地理标志。

盘山磨盘柿 Panshan Mopanshi

盘山磨盘柿是明清时期入宫的贡品，柿果营养丰富，素有“木本粮食”“铁杆庄稼”之称。荣获2008年中国地理标志保护产品认证。

宝坻大蒜 Baodi Dasuan

宝坻大蒜口感辛辣、脆香浓郁，产地环境、产品质量符合国家质量安全及食品安全相关规定。荣获2015年农业部农产品地理标志。

黄花山核桃 Huanghuashan Hetao

黄花山核桃是健智补脑的佳品，富含人体所需要的多种微量元素，而且亚油酸甘油脂含量丰富。荣获2013年中国地理标志保护产品认证。

田水铺萝卜

Tianshuipu Luobo

中国地理标志证明商标

中国地理标志保护产品

黄庄大米

Huangzhuang Dami

东马房豆腐丝

Dongmafang Doufusi

天津市知名品牌　历史悠久

州河鲤鱼

Zhouhe Liyu

天津市知名品牌

宝坻大葱

Baodi Dacong

农业部农产品地理标志产品

中国地理标志保护产品

红花峪桑葚

Honghuayu Sangshen

河北省
特色农产品

推荐单位：河北省农业厅

临城核桃
平泉食用菌
围场马铃薯
巨鹿金银花
鸡泽辣椒
迁西板栗
深州蜜桃
满城草莓
承德国光苹果
黄骅冬枣
昌黎葡萄酒
沧州金丝小枣
曹妃甸对虾
安国中药材
武安小米
威梨
万全鲜食玉米
文安杂粮
玉田包尖白菜
兴隆山楂
赵县雪花梨

临城核桃

Lincheng Hetao

临城核桃皮薄如纸，用手就能把核桃壳捏碎，食用方便，又称“纸皮核桃”。肉香，脂肪、蛋白质及钙、铁等多种元素含量高，营养丰富，具有健脑益智的功能。荣获2017中国农产品百强区域公用品牌。

平泉食用菌

Pingquan Shiyongjun

平泉县利用新科技使秸秆成为食用菌菌料的替代品，实现了变废为宝。在中国优质农产品开发服务协会组织的中国特产之乡评选活动中，平泉县被授予中国食用菌之乡称号。平泉香菇入选中国特色农产品优势区（第一批）。

围场马铃薯 Weichang Malingshu

生态富硒的围场马铃薯品质好、口感沙、营养丰富，功能强；生产历史悠久，在当地形成了独特的马铃薯文化。荣获2017中国农产品百强区域公用品牌。

巨鹿金银花 Julu Jinyinhua

巨鹿金银花绿原酸含量达4%，木樨草苷含量达1.5%，均超过国家入药标准，有效成分之高居全国之首，品质优良。荣获2017中国农产品百强区域公用品牌。

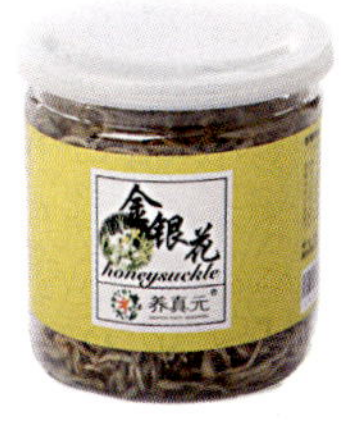

鸡泽辣椒

Jize Lajiao

鸡泽辣椒具有皮薄、肉厚、油多、籽香、辛辣适中、营养丰富等特点，辣椒素和维生素C含量居全国辣制品之冠。入选中国特色农产品优势区（第一批）。

迁西板栗

Qianxi Banli

迁西板栗产自中国板栗之乡，至今有2 000多年的栽培历史。迁西板栗外形玲珑，呈红褐色，有浅薄蜡质层，鲜艳而富有光泽；果仁呈米黄色，内皮易剥，肉质细腻，糯性粘软，甘甜芳香，营养丰富；素有“东方珍珠”的美称，以其独特的品质在国内、国际市场上享有盛誉。荣获2008年中国驰名商标。

深州 蜜桃 *Shenzhou Mitao*

深州蜜桃含糖量高、汁浓，自古就有“刀切不流汁,口咬顺嘴流”的说法。荣获2014年中国地理标志保护产品认证、2016年河北省十佳区域公用品牌。

满城 草莓 *Mancheng Caomei*

满城草莓富含多种维生素及叶酸、铁、钙、鞣花酸、花青素等营养物质，被誉为“水果皇后”。荣获2016年农业部农产品地理标志。

承德国光苹果

Chengde Guoguang Pingguo

承德国光苹果细脆多汁、酸甜适口、耐贮藏。荣获2016年农业部农产品地理标志。

黄骅冬枣

Huanghua Dongzao

黄骅冬枣皮薄、肉厚、核小，肉质细嫩而酥脆，酸甜适中，口感极佳。荣获2002年中国地理标志保护产品认证、2017年河北省十佳区域公用品牌。

昌黎葡萄酒

Changli Putaojiu

昌黎葡萄酒具有纯正、浓郁的果香，口感细腻，酒体丰满、完整，回味绵长。荣获2017年河北省十佳区域公用品牌。

沧州金丝小枣

Cangzhou Jinsi Xiaozao

沧州金丝小枣色泽鲜红、皮薄、肉厚、核小、味道甘美清香，含糖量高达65%，入口甜香适口，风味独特。荣获2009年中国地理标志保护产品认证。

曹妃甸对虾

Caofeidian Duixia

曹妃甸对虾营养丰富，特别是抗衰老、抗氧化特性的虾青素含量极高。荣获2016年河北省十佳区域公用品牌。

安国中药材

Anguo Zhongyaocai

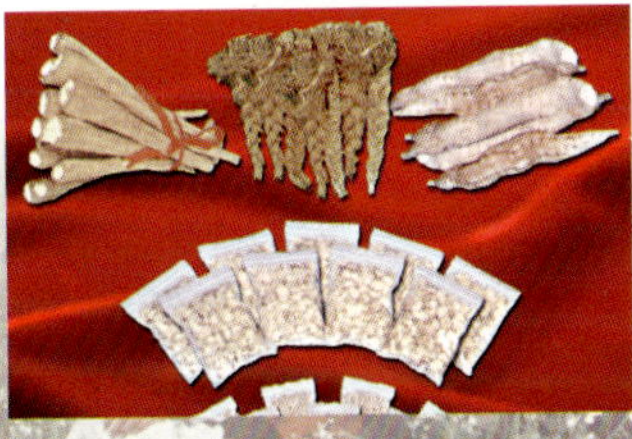

安国中药材始于北宋。明清时，久远的历史和精湛的工艺为其赢得了“草到安国方成药，药经祁州始生香”的美誉。荣获2016年河北省十佳区域公用品牌。

武安小米
Wuan Xiaomi

中国地理标志保护产品

威梨
Weili

河北省知名品牌

万全鲜食玉米
Wanquan Xianshi Yumi

国家级出口鲜食玉米质量安全示范区

文安杂粮
Wen'an Zaliang

河北省知名品牌

玉田包尖白菜
Yutian Baojianbaicai

中国地理标志保护产品

兴隆山楂
Xinglong Shanzha

中国地理标志保护产品

赵县雪花梨
Zhaoxian Xuehuali

中国地理标志保护产品

山西省
特色农产品

推荐单位：山西省农业厅

沁州黄小米
岚县马铃薯
上党中药材
大同黄花
平顺潞党参
神池胡麻
同川酥梨
广灵苦荞
吉县苹果
晋祠大米
灵丘荞麦
太谷壶瓶枣
柳林红枣
沁水刺槐蜜
万荣苹果
清徐葡萄
右玉羊肉
襄垣手工挂面
隰县梨
阳城山茱萸
榆社火麻油

沁州黄小米

Qinzhou Huangxiaomi

沁州黄小米历史悠久，清朝康熙年间被封为“沁州黄贡米”。具有清热解毒、健脾除湿、护胃安眠等功效，婴幼儿食之调养脾胃，老年人食之强肾壮腰。荣获2017中国农产品百强区域公用品牌。

岚县马铃薯

Lanxian Malingshu

岚县马铃薯色泽光鲜、个大体匀、不易腐烂、营养齐全，在预防脑血管破裂、抗衰老、延长寿命、减肥等方面有独特功效。荣获2017中国农产品百强区域公用品牌。

上党中药材

Shangdang Zhongyaocai

依托长治市的丰富资源，上党中药材种植总面积达7.29万公顷，年产量8.2万吨以上，总产值超过13.5亿元，盛产中药材300余种。入选中国特色农产品优势区(第一批)。

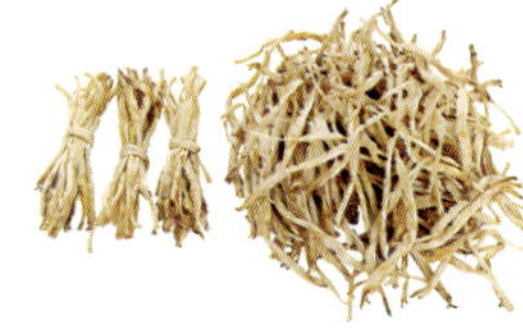

大同黄花

Datong Huanghua

大同黄花明末清初由内蒙古传入大同，营养价值极高。荣获2017中国农产品百强区域公用品牌。

平顺潞党参

Pingshunlu Dangshen

平顺潞党参参条粗大，皮肉紧实，质地柔润，味醇，含糖量高，药性强，无副作用，居于同种之冠。荣获2011年农业部农产品地理标志。

神池胡麻

Shenchi Huma

神池胡麻种植历史悠久，积淀了丰厚的人文历史和地域文化。生产出的胡麻油色泽清纯，味道清醇幽香，久置无沉淀析出。荣获2011年农业部农产品地理标志。

同川酥梨

Tongchuan Suli

同川酥梨栽培历史悠久，曾被誉为“金瓜”，列入贡品。品质优良，风味独特。荣获2007年农业部农产品地理标志。

广灵苦荞

Guangling Kuqiao

广灵苦荞制作的苦荞米，饱满，纯净无染，蒸煮后柔糯细腻，韧劲适口，香气纯正，风味独特，被营养学界誉为“五谷之王”，享誉省内外。荣获2010年农业部农产品地理标志。

吉县苹果

Jixian Pingguo

吉县苹果因其靓丽的果色和外形被称为苹果中的“皇后”。荣获2010年农业部农产品地理标志，曾获首届中国农业博览会苹果类唯一金奖。

晋祠大米

Jinci Dami

晋祠大米种植历史悠久，素有“七蒸不烂”之说，在清代曾长期作为“贡米”。荣获2010年农业部农产品地理标志。

灵丘荞麦

Lingqiu Qiaomai

灵丘荞麦18种氨基酸含量总和居全国荞麦之冠，是典型的药食同源作物。荣获2009年农业部农产品地理标志。

太谷壶瓶枣 Taigu Hupingzao

太谷壶瓶枣含有多种有机酸和维生素，尤其是维生素C的含量居百果之首。荣获2015年农业部农产品地理标志。

柳林红枣 Liulin Hongzao

柳林红枣产自中国红枣第一镇，已有1 300多年栽培历史，山西四大名枣之一。有保健美容、滋补养生的天然功效。荣获2010年中国地理标志证明商标。

沁水刺槐蜜 Qinshui Cihuaimi

沁水刺槐蜂蜜常温下不结晶或微结晶。入口十分细腻、绵甜爽口。2015年沁水被授予中国蜜蜂之乡称号，荣获2016年农业部农产品地理标志。

万荣苹果 Wanrong Pingguo

万荣苹果于2015年实现了我国苹果进军国际高端市场的历史性突破。荣获2016年农业部农产品地理标志。

农业部农产品地理标志产品

农业部农产品地理标志产品

农业部农产品地理标志产品

农业部农产品地理标志产品

农业部农产品地理标志产品

绿色食品认证

1. 清徐葡萄
2. 右玉羊肉
3. 襄垣手工挂面
4. 隰县梨
5. 阳城山茱萸
6. 榆社火麻油

内蒙古自治区
特色农产品

推荐单位：内蒙古自治区农牧业厅

锡林郭勒羊肉
乌兰察布马铃薯
科尔沁牛
河套向日葵
赤峰小米
河套小麦
阿尔巴斯白绒山羊
开鲁红干椒
乌海葡萄
兴安盟大米
河套巴美肉羊
呼伦贝尔黑木耳
杜蒙羊肉
扎兰屯大米
清水河小香米
乌兰察布燕麦
额济纳蜜瓜
五原灯笼红香瓜
扎兰屯榛子
阿拉善白绒山羊
鄂尔多斯细毛羊
土左旗毕克齐大葱
商都西芹
阿尔山卜留克
化德大白菜

锡林郭勒羊肉

Xilinguole Yangrou

锡林郭勒羊肉是当之无愧的中国羊肉第一品牌。独有的资源禀赋和完善的监管体系确保消费者吃到真正放心的绿色无公害羊肉。荣获2017中国农产品百强区域公用品牌。

乌兰察布马铃薯

Wulanchabu Malingshu

乌兰察布马铃薯种植面积和产量居全国地级市首位。乌兰察布市成为国家重要的种薯、商品薯和加工专用薯产区。荣获2017中国农产品百强区域公用品牌。

科尔沁牛

Keerqin Niu

科尔沁牛属乳肉兼用品种，因科尔沁草原而得名。适用性强，耐粗饲，耐寒，抗病力强，易于放牧。荣获2017中国农产品百强区域公用品牌。

河套向日葵

Hetao Xiangrikui

河套向日葵种植历史悠久，种植面积超过23万公顷，产量超过75万吨，因其品质好而享誉国内外。荣获2014年农业部农产品地理标志，入选中国特色农产品优势区（第一批）。

赤峰小米

Chifeng Xiaomi

赤峰小米基地被内蒙古自治区农牧业厅认定为无公害农产品生产基地，赤峰小米通过国家绿色食品认证、有机产品认证。荣获2013年中国地理标志保护产品认证。

河套小麦 Hetao Xiaomai

河套小麦来自世界三大优质小麦产地之一，被誉为“五项全能”冠军小麦。每年种植面积约10万公顷，产量60万吨左右。荣获2017年农业部农产品地理标志。

阿尔巴斯白绒山羊 Aerbasi Bairongshanyang

鄂托克阿尔巴斯白绒山羊属绒肉兼用型，产绒量高，品质优良，被称为“纤维宝石、软黄金”。其肉质细嫩，高蛋白、低脂肪，氨基酸含量丰富，被誉为“肉中人参”。荣获2013年农业部农产品地理标志，2017年列入中欧地理标志互认产品。

开鲁红干椒 Kailu Hongganjiao

开鲁县享有“中国红干椒之都”的美誉。开鲁红干椒辣味香浓，是辣椒中的上品，名扬海内外。荣获2010年中国地理标志保护产品认证。

乌海葡萄 Wuhai Putao

乌海是国内著名的沙漠葡萄产区。乌海葡萄以其独特的地理区域优势和优良品质荣获全国首批农业部农产品地理标志。

兴安盟大米 Xing'anmeng Dami

兴安盟大米产于大兴安岭南麓生态圈——世界公认的寒地水稻黄金带。荣获2015年中国地理标志证明商标。

河套巴美肉羊 Hetao Bamei Rouyang

河套巴美肉羊产自国家级绿色农畜产品生产基地，也是我国第一个具有自主知识产权的肉毛兼用羊新品种。荣获2013年农业部农产品地理标志。

呼伦贝尔黑木耳

Hulunbei'er Heimuer

呼伦贝尔黑木耳是大兴安岭纯天然、无污染之珍品，具有较高的营养与药用价值。荣获2009年中国地理标志证明商标。

杜蒙羊肉

Dumeng Yangrou

杜蒙羊是以澳大利亚进口的杜泊种羊为父本，四子王旗杜尔伯特大草原戈壁羊为母本杂交而成的肉羊品种,肉质鲜美、肥而不腻、无膻味。荣获2012年农业部农产品地理标志。

扎兰屯大米

Zhalantun Dami

扎兰屯大米产于全国首批绿色农业示范区。荣获2009年农业部农产品地理标志。

清水河小香米

Qingshuihe Xiaoxiangmi

清水河小香米的色氨酸含量在所有谷类作物中独占鳌头，堪称天然营养保健食品。荣获2014年中国地理标志保护产品认证。

乌兰察布燕麦

Wulanchabu Yanmai

乌兰察布市为世界公认的燕麦黄金生产区，有着非常悠久的种植历史和文化积淀，被誉为中国燕麦之都，产品畅销海内外。荣获2017年农业部农产品地理标志。

额济纳蜜瓜

Eji'na Migua

额济纳蜜瓜产地环境独特，生产方式特定，应用价值较高，人文历史久远，营养丰富，品质优良，深受广大消费者喜爱。荣获2017年农业部农产品地理标志。

农业部农产品地理标志产品

全国互联网地标产品（果品）50强

农业部农产品地理标志产品

农业部农产品地理标志产品

中国地理标志保护产品

农业部农产品地理标志产品

农业部农产品地理标志产品

农业部农产品地理标志产品

1. 五原灯笼红香瓜
2. 扎兰屯榛子
3. 阿拉善白绒山羊
4. 鄂尔多斯细毛羊
5. 土左旗毕克齐大葱
6. 商都西芹
7. 阿尔山卜留克
8. 化德大白菜

辽宁省
特色农产品

推荐单位：辽宁省农村经济委员会

辽参
盘锦大米
鞍山南果梨
北镇葡萄
大连大樱桃
辽宁绒山羊
辽宁辽育白牛
大连苹果
盘锦河蟹
庄河草莓
庄河蓝莓
黑山褐壳鸡蛋
铁岭文选有机葡萄
瓦房店小国光苹果
丹东圣野果源草莓
朝阳蔬菜
朝阳小米
岫岩滑子蘑

辽参

Liaoshen

辽参肉厚，紧实，韧性好，肉质软嫩，营养丰富，是典型的高蛋白、低脂肪食物，滋味腴美，是久负盛名的“海八珍”之一。荣获2005年中国地理标志保护产品认证、2017中国农产品百强区域公用品牌。

盘锦大米

Panjin Dami

盘锦被誉为中国生态稻米之乡。优良的大气质量、高品质的灌溉水、洁净的土壤及先进的生产技术和蟹-稻共生原生态种植，决定了盘锦大米的生态品质和上佳口感。荣获2002年中国地理标志保护产品认证、2017中国农产品百强区域公用品牌。

鞍山南果梨 Anshan Nanguoli

鞍山南果梨2012—2017年连续四次在中国国际农产品交易会、中国绿色食品博览会获奖，荣获2017中国农产品百强区域公用品牌。

北镇葡萄 Beizhen Putao

北镇市是著名的中国葡萄之乡，也是全国最大的葡萄鲜储基地。北镇葡萄具有果形好、糖分高、无污染、质量好、易储藏等特点。荣获2012年农业部农产品地理标志、2017中国农产品百强区域公用品牌。

大连大樱桃 Dalian Dayingtao

大连大樱桃个头大，果实饱满，色泽艳丽，晶莹美观，硬度高，份量重，果肉软硬适中，果汁和糖分较多，甜度适中，存储时间较长。荣获2018年农业农村部农产品地理标志。

辽宁绒山羊
Liaoning Rongshanyang

辽宁绒山羊以诸多优秀品质居世界白绒山羊之冠；因遗传性能稳定，杂交改良效果显著被誉为“中华国宝”。荣获2010年农业部农产品地理标志。

辽宁辽育白牛
Liaoning Liaoyu Bainiu

辽宁辽育白牛是牛肉中的绿色产品，适宜制作牛排等高档食品，优质肉和高档肉出肉率高。荣获2012年农业部农产品地理标志。

大连苹果
Dalian Pingguo

大连苹果是大连市历史悠久的资源性特色产品，大连是著名的中国苹果之乡，产量和出口量在全国都占有重要位置，远销欧美、中东及东南亚等地，享誉海内外。荣获2013年农业部农产品地理标志。

盘锦河蟹
Panjin Hexie

2016年中国品牌价值评价信息显示，盘锦河蟹品牌价值达到132.17亿元。荣获2007年中国地理标志保护产品认证、2012年中国地理标志证明商标。

庄河草莓

Zhuanghe Caomei

庄河草莓果形美观，大小均匀，颜色鲜红，果肉多汁，甜酸可口，营养丰富，入口绵软，香味浓郁。荣获2013年农业部农产品地理标志。

庄河蓝莓

Zhuanghe Lanmei

蓝莓营养价值高，被联合国粮农组织誉为人类五大健康保健食品之一。庄河蓝莓荣获2012年中国地理标志证明商标。

黑山褐壳鸡蛋

Heishan Heke Jidan

黑山褐壳鸡蛋无药物残留，品质优良。荣获2017年中国国际农业博览会优质农产品金奖。

铁岭文选有机葡萄

Tieling Wenxuan Youji Putao

铁岭文选有机葡萄无污染，纯天然。荣获2016年全国名优果品区域公用品牌。

农业部农产品地理标志产品

中国地理标志证明商标

农业部农产品地理标志产品

农业部农产品地理标志产品

农业部农产品地理标志产品

1. 瓦房店小国光苹果
2. 丹东圣野果源草莓
3. 朝阳蔬菜
4. 朝阳小米
5. 岫岩滑子蘑

吉林省
特色农产品

推荐单位：吉林省农业委员会

长白山人参
梅河大米
榆树大米
双阳梅花鹿
汪清黑木耳
新开河人参
北显圆粒香大米
皓月牛肉
大米姐大米
华正猪肉
农嫂玉米
德乐园玉米
洮宝杂粮
炭泉小米
万昌大米
大荒地大米
长白飞鸭

长白山人参

Changbaishan Renshen

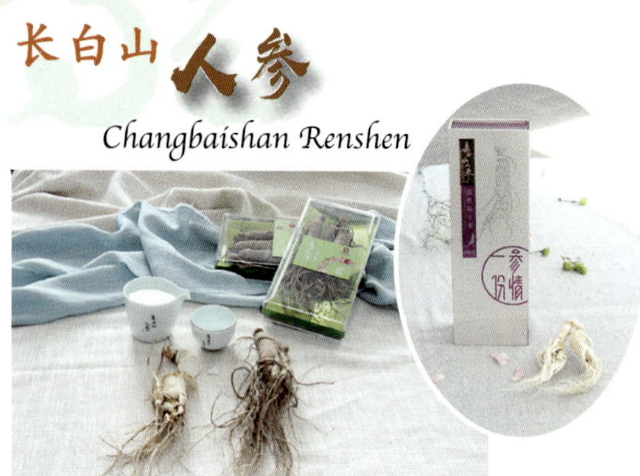

长白山人参补血养气、固津生液、调节神经、开心明目、益智安神、降低血糖、健胃利尿。荣获“马德里联盟”82个缔约国及港澳台等10个特定国家、地区的国际商标保护和2017中国农产品百强区域公用品牌。

梅河大米

Meihe Dami

梅河大米晶莹如玉，半透明，有光泽，垩白较小，外形呈短圆或椭圆形；米饭有油光，饭香浓郁，入口柔软滑顺，香甜，口感好。荣获2006年中国地理标志保护产品认证、2017中国农产品百强区域公用品牌。

榆树大米

Yushu Dami

榆树大米米粒丰盈，晶莹剔透，细腻润滑，色泽洁白，透明有润泽，质地坚韧；米饭有清香味，凉饭不返生，营养丰富，被誉为“大米中的极品”。荣获2015年中国地理标志证明商标、2017中国农产品百强区域公用品牌。

双阳梅花鹿

Shuangyang Meihualu

双阳梅花鹿曾为清朝时期贡品，鹿茸枝头肥大，质地松嫩，茸型完美，色泽鲜艳，含血量足。荣获2008年中国地理标志保护产品、2017中国农产品百强区域公用品牌。

汪清黑木耳

Wangqing Heimuer

汪清黑木耳外型好，颜色乌黑发亮，菌肉肥厚香甜；泡开富有弹性，复水性好，富光泽；食用时圆润细腻，口感极佳，有清香味，无异味。荣获2016年农业部农产品地理标志，入选中国特色农产品优势区域（第一批）。

新开河人参 Xinkaihe Renshen

新开河红参皮老纹深、质地坚实、颜色棕红、角质透明、体长形美、气香味甘而微苦、温而不燥、切片后轮纹清晰独特。荣获第十六届日内瓦国际新发明与技术博览会金奖、中国名牌农产品、吉林省名牌。

北显圆粒香大米 Beixian Yuanli Xiangdami

北显圆粒香大米色泽晶莹腹白小，颗粒均匀气味清。荣获中国驰名商标、吉林省名牌、吉林省著名商标、生态原产地保护产品认证。

皓月牛肉 Haoyue Niurou

皓月牛肉肉质细腻，鲜嫩爽口，多汁味美，醇香浓郁。产地法库，早在清康熙年间就被御赐为“皇家御牛之地”，从此声名远播。吉林冷鲜牛肉知名品牌，全程安全可追溯。

大米姐大米

Damijie Dami

大米姐大米采用火山岩稻米种植技艺生产，水源是以山泉为源头的三条河流，没有任何污染。其中，火山岩稻米种植技艺，被吉林省政府列入省级非物质文化遗产名录。荣获中国地理标志保护产品认证。

华正猪肉

Huazheng Zhurou

华正猪肉肉质柔软有弹性、好熟易烂、口感细腻、味道鲜美，营养价值较高。荣获2012年中国驰名商标。

农嫂玉米

Nongsao Yumi

农嫂玉米产自中国玉米之乡，营养丰富，籽粒饱满，且圆润有光泽、甜度适中，香味诱人，口感极佳。

吉林省知名品牌

吉林省知名品牌

中国地理标志保护产品

农业部农产品地理标志产品

吉林省知名品牌

吉林省知名品牌

1. 德乐园玉米
2. 洮宝杂粮
3. 炭泉小米
4. 万昌大米
5. 大荒地大米
6. 长白飞鸭

黑龙江省 特色农产品

推荐单位：黑龙江省农业委员会

五常大米
东宁黑木耳
庆安大米
海伦大豆
九三大豆
大兴安岭黑山猪
伊春蓝莓
兰西民猪
延寿大米
肇州大瓜子
佳木斯大米
阿城黏玉米
古龙小米
连环湖鳙鱼

五常大米

Wuchang Dami

五常大米是清代皇家独享的御贡米，素有“五常米，帝王粮”之称。其颗粒饱满、质地坚硬、色泽清白，饭粒油亮、香味浓郁,清淡略甜，芳香爽口，米饭油性大。荣获2013年中国驰名商标、2017中国农产品百强区域公用品牌。

东宁

Dongning Heimuer

东宁黑木耳曾在唐朝时作为贡品进献给武则天食用。东宁黑木耳颜色黑，且厚度较厚，耳片大小均匀、齐整，泡发后多呈碗状，肉质细腻，脆嫩可口。荣获2017中国农产品百强区域公用品牌。

庆安大米 *Qing'an Dami*

庆安大米属长粒型，呈透明或半透明状，无腹白和心白，饭粒完整、洁白、油光发亮，软而有弹性，不黏结，回味微甜，越嚼越香，冷后不硬、不回生。荣获2014年农业部农产品地理标志、2016年中国大米十大区域公用品牌、2017中国农产品百强区域公用品牌。入选2017年度全国名特优新农产品目录，成为京西宾馆、中国航天员中心唯一指定用米。

海伦大豆含有丰富的无机盐亚油酸、卵磷脂和异黄酮等多种有效生物活性成分，硒元素含量高，且容易储藏。荣获2015年中国地理标志保护产品认证，入选中国特色农产品优势区域（第一批）。

海伦

Hailun Dadou

九三大豆 Jiusan Dadou

九三牌大豆油全部采用优质、天然的东北非转基因大豆精制而成，油品透明且不浑浊，无悬浮物及沉淀物，油品光亮度高，颜色一般呈现淡黄色或是棕黄色。富含亚油酸、亚麻酸等多种人体必需营养素。荣获2017中国农产品百强区域公用品牌。

大兴安岭黑山猪 Daxing'anling Heishanzhu

大兴安岭黑山猪由东北黑母猪与纯种野猪杂交选育而成，猪肉中富含不饱和脂肪酸，其氨基酸、铁、锌、钙、硒等微量元素，远高于普通猪肉，胆固醇含量远远低于普通猪肉，深受广大消费者喜爱。

伊春蓝莓 Yichun Lanmei

伊春蓝莓果肉细软，多浆汁，酸甜适口，具有香爽宜人的香气，适合鲜食和加工。荣获2012年农业部农产品地理标志。

兰西民猪

Lanxi Minzhu

兰西民猪肉质坚实，色泽鲜红，肥瘦分布均匀，层次分明，肥膘晶莹剔透，脂肪含量适中，口感细腻多汁、肥而不腻，色、香、味俱佳。荣获2010年农业部农产品地理标志。

延寿大米

Yanshou Dami

延寿大米米粒饱满，色泽鲜亮，洁白剔透，芳香爽口，口感极佳，系选用中晚熟优良品种覆膜栽培，施用有机肥，不施用化肥、农药和除草剂，品牌为“覆膜田”牌有机米。

肇州大瓜子

Zhaozhou Daguazi

肇州大瓜子个头大、外皮薄、瓜仁酥。荣获2016年农业部农产品地理标志、2017年黑龙江十大地理标志产品。

佳木斯大米 Jiamusi Dami

佳木斯大米米饭晶莹剔透、软硬适中、入口滑爽、口味绵长；煮粥时汤汁如乳、松软清香，有晚清“御贡”之说。荣获2017年最受消费者喜爱的中国农产品区域公用品牌、2018年中国地理标志保护产品认证。

阿城黏玉米 Acheng Nianyumi

阿城黏玉米香糯微甜，营养好，食用安全健康，营养成分含量高，含糖量极低。荣获2017年最受消费者喜爱的中国农产品区域公用品牌，入选2017年中国名特优新农产品目录。

古龙小米 Gulong Xiaomi

古龙小米色泽金黄、粒型完美，蒸制后香味浓郁、口感糯软、风味独特、营养丰富，清康熙年间成为皇家贡米。

连环湖鳙鱼 Lianhuanhu Yongyu

连环湖鳙鱼鱼肉紧实，呈半透明胶质状，肌纤维长，入口有嚼劲，无土腥味，宜炖、煎、炸、蒸。

上海市 特色农产品

推荐单位：上海市农业委员会

南汇水蜜桃
南汇8424西瓜
白鹤草莓
仓桥水晶梨
奉贤黄桃
马陆葡萄
金山枫泾猪
金山蟠桃
松江大米
彭镇青扁豆
亭林雪瓜
庄行蜜梨

南汇水蜜桃

Nanhui Shuimitao

南汇水蜜桃果顶圆平，缝合线浅，果型圆整、美观、硕大，肉质嫩厚且汁多，皮呈乳白色，易剥离，香味浓，纤维少。荣获2005年中国地理标志保护产品认证、2010年中国地理标志证明商标、2017中国农产品百强区域公用品牌，入选中国特色农产品优势区（第一批）。

南汇8424西瓜

Nanhui 8424 Xigua

南汇8424西瓜个头圆，大小适中，籽黑色，无空心、无僵块；果肉细嫩纤维少，糖度高、梯度小、汁水多、口感爽。荣获2017年中国地理标志证明商标、2017年最受消费者喜爱的中国农产品区域公用品牌。

白鹤草莓

Baihe Caomei

白鹤草莓呈长圆锥形，果肉细致；外形美观，有光泽，鲜红色；食之甜香微酸，风味浓郁，具独特香味。荣获2018年农业农村部农产品地理标志。

仓桥水晶梨

Cangqiao Shuijingli

仓桥水晶梨乳黄色，表面晶莹光亮，有透明感，外观诱人；果肉白色，肉质细腻，致密嫩脆，汁液多，石细胞极少，果心小，味蜜甜，香味浓郁。荣获2011年中国地理标志证明商标、上海市著名商标。

奉贤黄桃

Fengxian Huangtao

奉贤黄桃果实硕大，色如黄金，艳丽诱人；果形圆整，果顶圆平，肉质柔韧，甜多酸少，香味浓郁。荣获2010年中国地理标志证明商标、2015年上海市著名商标、2017年最受消费者喜爱的中国农产品区域公共品牌。

马陆葡萄

Malu Putao

马陆葡萄品种多，成熟期早，上市期长；果实形状规则，果粉厚，色泽鲜艳，果粒圆或椭圆，皮薄，多汁，香味浓，口感好。荣获2014年中国地理标志证明商标、2015年农业部农产品地理标志。

金山 枫泾猪

Jinshan Fengjing Zhu

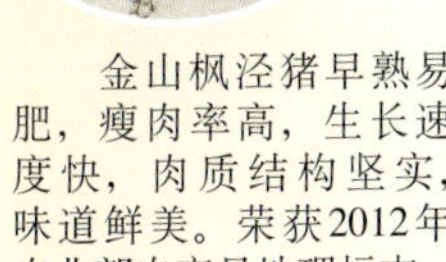

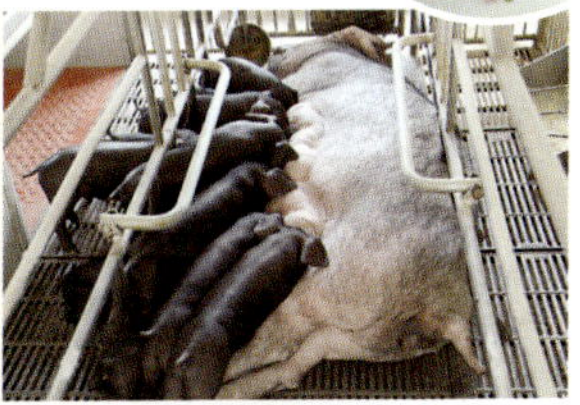

金山枫泾猪早熟易肥，瘦肉率高，生长速度快，肉质结构坚实，味道鲜美。荣获2012年农业部农产品地理标志。

金山 蟠桃

Jinshan Pantao

金山蟠桃果大核小，外观圆整、艳丽；肉质柔软，纤维少，皮薄汁多，味浓香甜。荣获2013年农业部农产品地理标志、2015年“宁波杯”全国赛桃会金奖、上海市著名商标。

松江 大米

Songjiang Dami

松江大米以米粒饱满、晶莹半透明、食味清香略甜、表面油光而著称。荣获2014年中国地理标志保护产品认证，2016年、2017年连续两届荣膺上海市优质大米评比金奖。

彭镇青扁豆 Pengzhen Qingbiandou

彭镇青扁豆口感软糯、嫩滑、细腻，营养价值高。荣获2016年农业部农产品地理标志。

亭林雪瓜 Tinglin Xuegua

亭林雪瓜香甜、松脆、爽口，品质佳。荣获2015年农业部农产品地理标志。

庄行蜜梨 Zhuangxing Mili

庄行蜜梨皮薄、汁多、味甜，具有特有的香气。荣获2006年上海优质梨评比铜奖、2008年上海名牌。

江苏省特色农产品

推荐单位：江苏省农业委员会

南京盐水鸭
阳澄湖大闸蟹
射阳大米
高邮鸭（蛋）
盱眙龙虾
邳州银杏
东台西瓜
洞庭山碧螺春
兴化大米
溧阳白芹
狼山鸡
丁嘴金菜
大沙河苹果
连天下
镇江金山翠芽（茶）
淮安红椒
海门山羊
金坛雀舌（茶）
靖江香沙芋
滨海白首乌
白马黑莓

南京雨花茶
启东青皮长茄
淮安黑猪
海安大米
天目湖白茶
淮安大米
泰兴白果
阜宁西瓜
洋北西瓜
凤凰水蜜桃
宜兴百合
阳羡茶

南京盐水鸭

Nanjing Yanshuiya

南京盐水鸭是指以鲜（冻）光鸭为主要原料，添加适量天然香辛料，经炒盐腌制、清卤复腌、晾挂（或烘干）、低温煮制而成。南京板鸭、盐水鸭历史上又称官礼贡鸭，为南京特色鸭馔。荣获2012年农业部农产品地理标志、2017年全国百强农产品区域公用品牌。

阳澄湖大闸蟹

Yangchenghu Dazhaxie

阳澄湖大闸蟹具有黄毛、金爪、青背、白肚的鲜明特点，膏肥黄满，肉质甜美，蒸煮皆宜；富含多种营养元素，可提高人体免疫能力。荣获2005年中国地理标志保护产品认证、2017中国农产品百强区域公用品牌。

射阳大米

Sheyang Dami

射阳大米米粒饱满、晶莹剔透，香纯绵甜，胶稠黏度适中，食味口感独特，绿色安全营养。荣获2006年中国地理标志证明商标，2017年农业部地理标志。

高邮鸭（蛋）

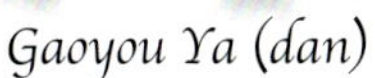

Gaoyou Ya (dan)

高邮鸭是蛋、肉兼用型的大型鸭，以善产双黄蛋闻名世界。肌肉内脂肪较少，烹调制作后，味美爽口，秋冬季具有滋补功效。荣获2008年中国地理标志证明商标、2017中国农产品百强区域公用品牌。

盱眙龙虾

Xuyi Longxia

盱眙龙虾个体较大，晶莹剔透，虾体厚实；肉质饱满，富含多种氨基酸，营养丰富。荣获2013年中国地理标志保护产品认证、2017中国农产品百强区域公用品牌。

邳州银杏 Pizhou Yinxing

邳州银杏具有外型美观、熟食糯性好、香味浓，叶片大、含酮量高等特点。荣获2017年全国十佳果品地理标志品牌，入选中国特色农产品优势区域（第一批）。

东台西瓜 Dongtai Xigua

东台西瓜果形端正，色泽鲜亮；瓜肉甘甜、皮薄籽少，食之给人一种回味无穷的享受。荣获2009年中国地理标志证明商标、2016年我最喜爱的江苏商标50强。

洞庭山碧螺春 Dongtingshan Biluochun

洞庭山碧螺春摘得早、采得嫩、拣得净，以“形美、色艳、香浓、味醇”四绝闻名中外。中国十大名茶之一，荣获1998年中国地理标志证明商标，入选2017年全国名特优新农产品目录。

兴化大米 Xinghua Dami

兴化大米清白透亮，颗粒均匀；米饭晶莹剔透，口感香软，营养丰富。荣获2009年中国地理标志保护产品认证、2017年第十一届中国国际有机食品博览会金奖。

溧阳白芹

Liyang Baiqin

中国地理标志证明商标

狼山鸡

Langshan Ji

农业部农产品地理标志产品

丁嘴金菜

Dingzui Jincai

农业部农产品地理标志产品

大沙河苹果

Dashahe Pingguo

江苏省知名品牌

连天下

Liantianxia

江苏省知名品牌

农业部农产品地理标志产品

中国地理标志证明商标

农业部农产品地理标志产品

中国地理标志保护产品

农业部农产品地理标志产品

农业部农产品地理标志产品

1. 镇江金山翠芽（茶）
2. 淮安红椒
3. 海门山羊
4. 金坛雀舌（茶）
5. 靖江香沙芋
6. 滨海白首乌

中国地理标志保护产品

中国地理标志证明商标

农业部农产品地理标志产品

农业部农产品地理标志产品

中国地理标志保护产品

农业部农产品地理标志产品

1. 白马黑莓
2. 南京雨花茶
3. 启东青皮长茄
4. 淮安黑猪
5. 海安大米
6. 天目湖白茶

中国地理标志证明商标

中国地理标志保护产品

农业部农产品地理标志产品

中国地理标志证明商标

农业部农产品地理标志产品

中国地理标志证明商标

农业部农产品地理标志产品

1. 淮安大米
2. 泰兴白果
3. 阜宁西瓜
4. 洋北西瓜
5. 凤凰水蜜桃
6. 宜兴百合
7. 阳羡茶

浙江省特色农产品

推荐单位：浙江省农业厅

西湖龙井
舟山带鱼
金华两头乌猪
三门青蟹
绍兴会稽山香榧
安吉白茶
慈溪杨梅
黄岩蜜橘
庆元香菇
建德苞茶
凤桥水蜜桃
桐乡杭白菊
里叶白莲
奉化水蜜桃
建德草莓
松阳香茶
鄞州雪菜
余姚甲鱼
长街蛏子
临海蜜橘
玉环文旦
缙云麻鸭
青溪花（乌）鳖
处州白莲
缙云米仁

西湖龙井 Xihu Longjing

西湖龙井始于宋，闻名于元，扬名于明，盛于清，中国十大名茶之一。其香气幽雅清高，滋味甘鲜醇和，汤色碧绿黄莹，清香四溢，以“色绿、香郁、味甘、形美”四绝著称于世。荣获2011年中国地理标志保护产品认证、2012年中国驰名商标。

舟山带鱼 Zhoushan Daiyu

舟山带鱼肉质细腻、口感鲜嫩、富含脂肪及脂肪酸，其脂肪酸品质明显优于其他海域带鱼。荣获2017中国农产品百强区域公用品牌、2018年第二届中国国际现代渔业暨渔业科技博览会金奖。

金华两头乌猪 Jinhua Liangtou Wuzhu

金华两头乌猪皮薄骨细，肉质细嫩，肌肉脂肪含量高，肉味香郁，肥而不腻。荣获2013年农业部农产品地理标志、2017年中欧地理标志互认产品、2017中国农产品百强区域公用品牌。

三门青蟹 Sanmen Qingxie

三门青蟹具“金爪、绯钳、青背、黄肚”之特征，以“壳薄、膏黄、肉嫩、味美”而著称。被誉为“海中黄金，蟹中臻品”。荣获2017中国农产品百强区域公用品牌，入选中国特色农产品优势区（第一批）。

绍兴会稽山香榧 Shaoxing Kuaijishan Xiangfei

绍兴会稽山香榧口感酥脆，营养丰富，亚麻酸等不饱和脂肪酸含量高，被誉为坚果中的“人参果”。荣获2010年中国地理标志保护产品认证、2013年中国地理标志证明商标、2018年农业农村部农产品地理标志，入选中国特色农产品优势区域（第一批）。

安吉白茶 Anji Baicha

安吉白茶叶白、脉绿、香郁、味醇，滋味鲜爽甘醇，不苦不涩，清香扑鼻。荣获2004年中国地理标志保护产品认证、2007年中国名牌农产品、2017年中国优秀茶业区域公用品牌。

慈溪杨梅 Cixi Yangmei

慈溪杨梅有“颗大核细其色紫，甜中沁酸味极美”之说和“慈溪杨梅世无双”之誉。荣获2009年中国地理标志证明商标、2012年农业部农产品地理标志、2015年中国驰名商标。

黄岩蜜橘 Huangyan Miju

黄岩蜜橘始于三国，盛于唐宋，唐朝以来列为皇家贡品。其肉柔软多汁，酸甜适口、细嫩清香，化渣性好，风味极好，微具香气，种子少，可食率高。荣获2004年中国地理标志保护产品认证、2012年最具影响力中国农产品区域公用品牌。

庆元香菇 Qingyuan Xianggu

庆元是世界人工栽培香菇的发祥地。庆元香菇鲜嫩可口、香郁袭人，自古以来被视为珍品，连续8年蝉联中国食用菌第一品牌，荣获2002年中国地理标志保护产品认证。

建德苞茶 Jiande Baocha

建德苞茶月弯条，花苞形；汤色嫩绿明亮，香气幽香清甜，滋味鲜醇回甘；叶底嫩匀成朵。荣获2008年中国地理标志保护产品认证。

凤桥水蜜桃 Fengqiao Shuimitao

凤桥水蜜桃色泽鲜艳，肉质细软，纤维较少，芳香浓郁，鲜甜多汁。荣获浙江省农业博览会优质农产品金奖、2018年农业农村部农产品地理标志。

桐乡杭白菊 Tongxiang Hangbaiju

桐乡杭白菊花栽培历史悠久，其瓣玉白，花瓣肉黄色，花蕊黄色略带绿；花形完整，色泽及花朵大小均匀；开水泡饮汤汁淡黄澄清，味微甜，芳香味浓。荣获2002年中国地理标志保护产品认证。

里叶白莲 Liye Bailian

里叶白莲在南宋时就被钦定为皇宫贡品。其色白、光亮、粒大、圆润、炖煮易熟、久煮不散、汤色清纯、香气浓郁、细腻可口。荣获2014年农业部农产品地理标志。

奉化水蜜桃 Fenghua Shuimitao

奉化水蜜桃果外形美观、肉质细软、汁多味甜、香气浓郁、入口易溶、品质超群，被誉为“琼浆玉露”“瑶池珍品”而驰名海内外。荣获2002年中国地理标志保护产品认证。

建德草莓 Jiande Caomei

建德草莓果肉呈鲜红色，酸甜适口，硬度适中，耐储运，有“中国草莓在浙江、浙江草莓在建德”之说。荣获2016年农业部农产品地理标志。

松阳香茶 Songyang Xiangcha

松阳香茶以香而得名，外形诱人，条索细紧、色泽翠润、香高持久、滋味浓爽、汤色清亮、叶底绿明。荣获2009年中国地理标志证明商标。

农业部农产品地理标志产品

农业部农产品地理标志产品

浙江省绿色农业重点推广优质水产品

浙江省知名品牌

浙江省知名品牌

农业部农产品地理标志产品

中国地理标志保护产品

中国地理标志证明商标

浙江省农博会金奖

1. 鄞州雪菜
2. 余姚甲鱼
3. 长街蛏子
4. 临海蜜橘
5. 玉环文旦
6. 缙云麻鸭
7. 青溪花（乌）鳖
8. 处州白莲
9. 缙云米仁

安徽省特色农产品

推荐单位：安徽省农业委员会

砀山酥梨
霍山石斛
滁菊
亳白芍
亳丹皮
六安瓜片
黄山毛峰
太平猴魁
祁门红茶
铜陵白姜
怀远石榴
涡阳苔干
皖西白鹅
合肥龙虾
巢湖银鱼
长丰草莓
姑溪河大闸蟹
黄山黑鸡
泾县兰香
和县辣椒
亳菊
九华黄精
秋浦花鳜
明光绿豆
含山大米

砀山酥梨

Dangshan Suli

砀山酥梨果大核小、黄亮形美、皮薄多汁、酥脆甘甜、营养丰富，含多种人体必需的氨基酸、维生素、矿物质。荣获2015年中国驰名商标称号、2017年农业部农产品地理标志、2017中国农产品百强区域公用品牌。

霍山石斛

Huoshan Shihu

霍山石斛道地珍稀、功效卓著，世人皆奉之为养生上品，历朝历代都有将其作为贡品的记载。荣获2007年中国地理标志保护产品认证、2016年十大皖药之首、2017中国农产品百强区域公用品牌。

滁菊

Chuju

滁菊香味浓郁，口感微甘，是药、茶、食多用的保健饮品。荣获2002年中国地理标志保护产品认证、2010年中国地理标志证明商标、2017中国农产品百强区域公用品牌。

亳白芍 Bo Baishao

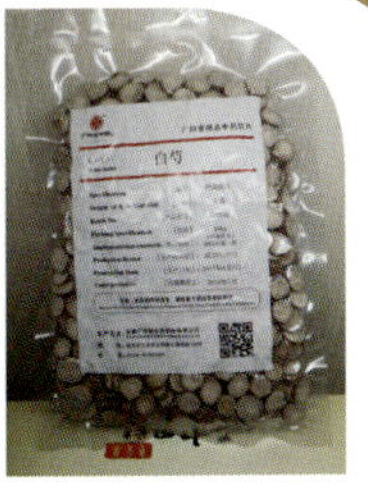

亳白芍呈圆柱形，平直或稍弯曲，两端平截，质坚实，不易折断，味微苦酸；具有养血调经、敛阴止汗、柔肝止痛、平抑肝阳的功效。荣获2010年中国地理标志保护产品认证。

亳丹皮 Bo Danpi

亳丹皮呈筒状或半圆状块片，有纵剖开的裂缝。气芳香，味苦而涩，有麻舌感。具有清热凉血、活血化瘀的功效。荣获2017年农业部农产品地理标志。

六安瓜片 Lu'an Guapian

六安瓜片外形单片顺直匀整，叶边背卷平展，形似瓜子，无芽无梗；汤色清澈亮绿，清香高长，滋味鲜浓醇甘，叶底黄绿匀亮。中国十大名茶之一，荣获2017年中国十大茶叶区域公用品牌。

黄山毛峰

Huangshan Maofeng

黄山毛峰茶形似雀舌，白毫显露，匀齐壮实；色泽黄绿明亮，呈象牙色，冲泡后清香高长，汤色黄绿，滋味鲜醇、回甘。中国十大名茶之一，荣获2009年中国地理标志保护产品认证、2017年中国十大茶叶区域公用品牌。

太平猴魁

Taiping Houkui

太平猴魁茶扁平挺直，魁伟重实，色泽苍绿，兰香高爽，滋味甘醇，叶底嫩匀肥壮成朵。中国十大名茶之一，荣获1915年巴拿马万国博览会金奖、2003年中国地理标志保护产品认证、2015年世界绿茶协会最高金奖。

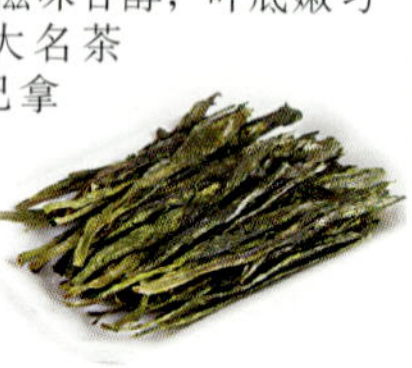

祁门红茶

Qimen Hongcha

祁门红茶条索紧细，锋苗秀丽，金毫显露；色泽乌润泛宝光；汤色红艳明亮有金圈；香气馥郁持久。中国十大名茶之一，荣获1915年首届巴拿马万国博览会金奖、1987年第26届世界优质食品评选会金奖、2017年中国十大茶叶区域公用品牌。

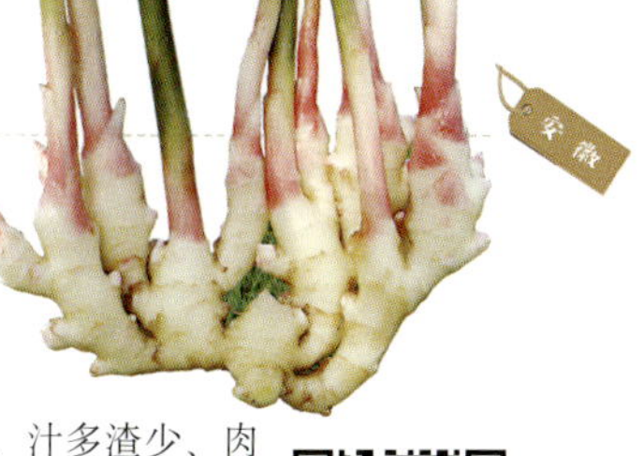

铜陵白姜

Tongling Baijiang

铜陵白姜块大皮薄、汁多渣少、肉质脆嫩、香味浓郁。荣获2009年中国地理标志保护产品认证、2012年中国地理标志证明商标、2017年安徽省十佳地理标志产品。

怀远石榴皮薄、粒大、核软、可食率高。主要品种有玉石籽、红玛瑙、大笨子等。荣获2010年中国地理标志保护产品认证、2016年全国名优果品区域公用品牌。

怀远石榴

Huaiyuan Shiliu

涡阳苔干

Guoyang Taigan

涡阳苔干颜色翠绿，味香鲜美，响脆有声，爽口提神。荣获2006年中国地理标志保护产品认证、2012年绿色食品认证，入选2017年全国名特优新农产品目录。

皖西白鹅 Wanxi Baie

皖西白鹅肉质细嫩鲜美、羽绒品质优良、鹅皮可鞣制裘皮，柔软蓬松，保暖性好，在国际市场上享有盛誉。1981年首批列入《中国家禽品种志》，被列为二类保护物种、重点保护禽种；1986年被列为重要的农业开发项目；2000年被列入国家级畜禽遗传资源保护品种。荣获2004年中国地理标志证明商标。

合肥龙虾 Hefei Longxia

合肥龙虾成体暗红色，甲壳部分近黑色，腹部背面有一楔形条纹。荣获2015年中国地理标志证明商标、2018年农业农村部农产品地理标志。

巢湖银鱼 Chaohu Yinyu

巢湖银鱼体呈圆筒状、无鳞、透明无色、光滑，有“巢湖皇后”之称。荣获2012年农业部农产品地理标志。

长丰草莓 Changfeng Caomei

长丰草莓果实红润艳丽、香甜脆嫩，富含多种矿物质。荣获2007年中国地理标志证明商标、2016年全国名优果品区域公用品牌、中国地理标志保护产品认证、安徽省著名商标。

姑溪河大闸蟹 Guxihe Dazhaxie

姑溪河大闸蟹自古有皇室贡品之说，体型大、青背、白脐、金爪、红毛，其味腥、肥、鲜、甜。荣获2015年全国河蟹大赛金蟹奖、2016年最具影响力水产品区域公用品牌。

黄山黑鸡 Huangshan Heiji

黄山黑鸡抗病性强、善觅食、出雏率和产蛋量高，肉质鲜嫩，其不饱和脂肪酸、肌苷酸和多种氨基酸等含量高于普通品种鸡。荣获2017年农业部农产品地理标志。

泾县兰香 Jingxian Lanxiang

泾县兰香茶外形呈绣剪形、平直肥壮。颜色嫩绿、匀润显毫，汤色嫩绿、清澈鲜亮。叶底嫩绿鲜明、肥壮匀整，香味嫩香馥郁、持久，口感鲜爽醇厚、回甘。荣获全国农业博览会金奖、2017年第三届亚太茶茗大奖金奖。

和县辣椒
Hexian Lajiao

中国地理标志证明商标

亳菊
Boju

农业部农产品地理标志产品

九华黄精
Jiuhua Huangjing

中国地理标志保护产品

秋浦花鳜
Qiupu Huagui

农业部农产品地理标志产品

明光绿豆
Mingguang Lüdou

中国地理标志保护产品

含山大米
Hanshan Dami

农业部农产品地理标志产品

福建省特色农产品

推荐单位：福建省农业厅

- 武夷岩茶
- 平和琯溪蜜柚
- 永春芦柑
- 福鼎白茶
- 连城红心地瓜干
- 福州茉莉花茶
- 上杭槐猪
- 德化黑兔
- 长乐灰鹅
- 罗源秀珍菇
- 晋江紫菜
- 古田银耳
- 建宁通心白莲
- 桐江鲈鱼
- 福安巨峰葡萄
- 福建百香果
- 龙岩山麻鸭
- 河龙贡米
- 顺昌海鲜菇
- 安溪铁观音

武夷岩茶 Wuyi Yancha

武夷岩茶汤色清澈明亮，呈金黄或橙黄，叶底软亮，红点红边明显，饮后有齿颊留香之感。中国十大名茶之一，荣获2002年中国地理标志保护产品认证、2010年地理标志证明商标、2017年中国十大茶叶区域公用品牌、入选中国特色农产品优势区域（第一批）。

平和琯溪蜜柚 Pinghe Guanxi Miyou

平和琯溪蜜柚果大皮薄，瓤肉无籽，色洁白，柔软多汁，不留残渣，清甜微酸。荣获2007年中国驰名商标、2008年中国名牌农产品、2016年中国果蔬产业十大国际知名地标品牌、2017中国农产品百强区域公用品牌。

永春芦柑 Yongchun Lugan

永春芦柑果肉质地脆嫩，汁多化渣，甜酸适度，风味浓郁。荣获2005年中国地理标志保护产品认证、2009年福建省名牌农产品、2017中国农产品百强区域公用品牌。

福鼎白茶 Fuding Baicha

福鼎白茶汤色杏黄明亮，口感甘醇、爽口，毫香浓郁持久。荣获2009年中国地理标志保护产品、2009年中国地理标志证明商标、2010年中国驰名商标、2017年福建十大农产品区域公用品牌。

连城红心地瓜干 Liancheng Hongxin Diguagan

连城红心地瓜色泽红润、气味香甜、质地松软耐嚼。荣获2007年中国地理标志保护产品认证、2009年中国驰名商标、2017中国农产品百强区域公用品牌。

福州茉莉花茶

Fuzhou Moli Huacha

福州茉莉花茶汤色黄绿明亮，经久耐泡，茶味与花香融和无间。荣获2008年中国地理标志证明商标、2009年中国地理标志保护产品认证、2010年农业部农产品地理标志，2012年被国际茶叶委员会授予“世界名茶”称号。

上杭槐猪

Shanghang Huaizhu

上杭槐猪肌肉脂肪和氨基酸含量高，胶质含量丰富，胆固醇含量低，肉质细嫩，肉香浓郁，肉质风味佳。荣获2011年中国地理标志证明商标、2015年福建省著名商标。

德化黑兔

Dehua Heitu

德化黑兔肉质细嫩，具有高蛋白质、高磷脂、高消化率和低脂肪、低热量、低胆固醇等优良品质，并含有一般家兔没有而人体又不可缺少的双向调节元素—黑色素。荣获2011年福建省名牌农产品、2016年农业部农产品地理标志。

长乐灰鹅 Changle Huie

长乐灰鹅肉质鲜嫩、肉味鲜美，成年公鹅体重3.5 ~ 4.1千克，成年母鹅体重2.8 ~ 3.5千克。荣获2017年农业部农产品地理标志。

罗源秀珍菇 Luoyuan Xiuzhengu

罗源秀珍菇菌盖浅灰色或灰黑色，扇形；菌褶延长，菇柄偏生或侧生，白色，实心，菇柄不粘连；质地细嫩，纤维含量少。荣获2010年农业部农产品地理标志。

晋江紫菜 Jinjiang Zicai

晋江紫菜为坛紫菜，藻体暗紫绿略带褐色，为单层细胞，含单一色素体。荣获2013年福建十大渔业品牌、2018年农业农村部农产品地理标志。

古田银耳 Gutian Yin'er

古田银耳耳片全部展开，没有小耳蕾，呈粉白色、下垂，弹性变差。荣获2001年中国地理标志证明商标、2004年中国地理标志保护产品认证、2008年中国驰名商标、2017年福建十大农产品区域公用品牌。

建宁通心白莲 Jianning Tongxin Bailian

建宁通心白莲莲子洁白、粒大、圆整，轻煮即熟、久煮不散，汤色清香气浓，细腻可口，营养丰富，药用价值高。荣获2006年中国地理标志保护产品认证、2010年中国驰名商标、2017年农业部农产品地理标志。

桐江鲈鱼 Tongjiang Luyu

桐江鲈鱼富含蛋白质、维生素A、B族维生素、钙、镁、锌、硒等营养元素。内在品质体现为高热量、高蛋白、低脂肪，蛋白质含量≥18%，脂肪含量≤4%。荣获2010年农业部农产品地理标志。

福安巨峰葡萄果穗圆锥形或长圆锥形，色泽紫红、黑紫色，果粉厚，肉质紧、汁多，口感酸甜适中。荣获2008年福建省名牌农产品、2013年农业部农产品地理标志。

福建百香果果肉黄色或橙黄色，可溶性固形物含量高，香气浓郁，汁多味浓，高糖高酸，品质优良，风味独特。荣获2017年福建十大农产品区域公用品牌、2017年农业部农产品地理标志。

龙岩山麻鸭体型较小，早熟，产蛋量高，觅食能力强，善于跑动。2007年列入福建省畜禽遗传资源保护名录，荣获2017年农业部农产品地理标志。

龙岩山麻鸭

Longyanshan Maya

河龙贡米
Helong Gongmi

河龙贡米米粒细长，透明有润泽，米饭洁白有清香，松软而不黏，凉饭不返生。荣获2008年中国地理标志保护产品认证、2010年中国地理标志证明商标、2018年农业农村部农产品地理标志。

顺昌海鲜菇
Shunchang Haixiangu

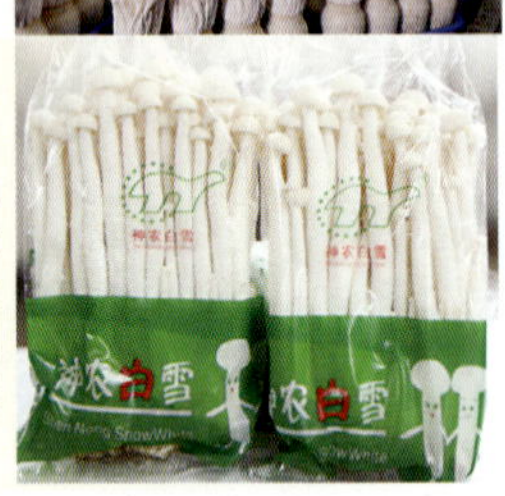

顺昌海鲜菇菌盖未开伞、光滑呈半圆形或平展，菇帽菇柄大小均匀，鲜菇颜色通体洁白，菌肉肥厚，质地脆嫩而有弹性，味道鲜美。荣获2014年农业部农产品地理标志、2016年中国地理标志证明商标。

安溪铁观音
Anxi Tieguanyin

安溪铁观音富含茶多酚、氨基酸，具有“花果香、观音韵”的品质特征。荣获2006年中国驰名商标、2017年农业部农产品地理标志，2016年以1424.38亿元蝉联中国区域公用品牌价值茶叶类首位。

江西省特色农产品

推荐单位：江西省农业厅

赣南脐橙
南丰蜜橘
泰和乌鸡
宁都黄鸡
东乡绿壳蛋鸡
崇仁麻鸡
遂川狗牯脑茶
浮梁茶
宁红茶
婺源绿茶
万年贡米
丰城富硒大米
奉新大米
黎川黎米
广丰马家柚
井冈蜜柚
广昌白莲
余干辣椒

赣南脐橙

Gannan Qicheng

赣南脐橙果实着色自然，橙红鲜艳；外形美观，果大皮薄；无核多汁，肉质脆嫩化渣，清香爽口。荣获2004年中国地理标志保护产品认证、2006年农业部农产品地理标志、2011年中国驰名商标、2017中国农产品百强区域公用品牌，入选中国特色农产品优势区（第一批）。

南丰蜜橘

Nanfeng Miju

南丰蜜橘栽培历史悠久，历史上就以果色金黄、皮薄肉嫩、食不存渣、风味浓甜、芳香扑鼻而闻名中外。荣获2010年农业部农产品地理标志、中国名牌农产品、中国驰名商标。入选中国特色农产品优势区（第一批）。

泰和乌鸡 Taihe Wuji

泰和乌鸡肉属于高蛋白低脂肪肉类。荣获1915年巴拿马万国博览会金奖、2007年中国驰名商标、2010年农业部农产品地理标志、2017中国农产品百强区域公用品牌。

宁都黄鸡 Ningdu Huangji

宁都黄鸡肉质细嫩、味道鲜美。荣获2009年江西省著名商标、2010年农业部农产品地理标志、2017中国农产品百强区域公用品牌。

东乡绿壳蛋鸡 Dongxiang Lüke Danji

东乡绿壳蛋鸡肉和蛋味美可口，具有较高的药用和保健价值。荣获2010年农业部农产品地理标志。

崇仁麻鸡 Chongren Maji

崇仁麻鸡外形优美、肉质鲜嫩、体小蛋大、产蛋率高。荣获2007年中国地理标志保护产品认证。

遂川狗牯脑茶

Suichuan Gougunaocha

遂川狗牯脑茶外形紧实、色泽嫩绿、汤色明亮、滋味甘醇、叶底鲜活。江西八大名茶之一，享誉海内外。荣获1915年巴拿马万国博览会金奖、2013年中国驰名商标。

浮梁茶

Fuliang Cha

浮梁茶汤色明亮，滋味醇爽，叶底嫩黄，香气浓郁。荣获1915年巴拿马万国博览会金奖、2008年中国地理标志保护产品认证、2016年全国十大推荐绿茶公共品牌。

宁红茶

Ninghong Cha

宁红茶香味持久，叶底红亮，滋味醇厚。荣获1915年巴拿马万国博览会金奖、2017年最受消费者喜爱的中国农产品区域公共品牌。

婺源绿茶

Wuyuan LüCha

婺源绿茶颜色碧而天然、口味香而浓郁、水叶清而润厚。荣获1915年巴拿马万国博览会金奖、2008年中国地理标志保护产品认证。

万年贡米 Wannian Gongmi

万年贡米粒细体长，质白如玉，软而不黏，香柔可口，营养丰富。荣获2005年中国地理标志保护产品认证、2010年中国驰名商标。

丰城富硒大米 Fengcheng Fuxi Dami

丰城富硒大米米粒整齐透明、饭软爽口、香气扑鼻，易消化吸收。荣获2013年中国地理标志保护产品认证。

奉新大米 Fengxin Dami

奉新大米自宋代就有进贡御用的记录，米粒透明整洁，米饭清香柔软。荣获2010年农业部农产品地理标志、2015年中国驰名商标。

黎川黎米 Lichuan Limi

黎川黎米外形细长，洁白如玉，垩白少，米饭松软有弹性，口感爽滑，蒸煮清香四溢，凉后不回生。荣获2017年农业部农产品地理标志。

广丰马家柚 Guangfeng Majiayou

广丰马家柚果肉玫红，汁多水足，果味清香。荣获2010年中国地理标志保护产品认证、农业部农产品地理标志、2017年江西省著名商标。

井冈蜜柚 Jinggang Miyou

井冈蜜柚果实中大，汁多味甜，脆嫩爽口，回味微苦带甘，被誉为"果中珍品，柚中之王"。荣获2017年中国地理标志保护产品认证。

广昌白莲 Guangchang Bailian

广昌白莲粒大饱满，炖煮易熟，汤清肉绵，味甘清香，为历朝贡品。荣获2004年中国地理标志保护产品认证、2010年农业部农产品地理标志。

余干辣椒 Yugan Lajiao

余干辣椒果实辣味适中、皮薄、肉质细嫩。荣获2011年农业部农产品地理标志、2013年中国地理标志证明商标。

山东省特色农产品

推荐单位：山东省农业厅

烟台苹果
金乡大蒜
沾化冬枣
东阿黑毛驴
滕州马铃薯
章丘大葱
陈集山药
冠县鸭梨
莱芜生姜
烟台大樱桃
阳信鸭梨
阳谷朝天椒
荣成苹果
陵县神头香椿
平阴玫瑰
莱芜黑猪
荣成大花生
德州克氏原螯虾
陵县西葫
南王店西瓜
荣成无花果
武城辣椒
夏津葚果

烟台苹果 Yantai Pingguo

烟台苹果以“果形端正、色泽艳丽、果肉甜脆、香气浓郁”享誉世界。荣获2008年中国地理标志证明商标、2011年中国驰名商标、2017中国农产品百强区域公用品牌。在全国农产品公用品牌价值评估中，烟台苹果连续9年蝉联果业第一品牌。

金乡大蒜 Jinxiang Dasuan

金乡大蒜产自中国大蒜之乡，大蒜种植历史已达2 000余年，素有“世界大蒜看中国，中国大蒜看金乡”的美誉。其营养价值极高，被专家称为最好的天然抗生素食品和保健食品。荣获2012年农业部农产品地理标志、2017中国农产品百强区域公用品牌。

沾化冬枣 Zhanhua Dongzao

沾化冬枣果实圆形或扁圆形，果皮薄，赭红色，果肉乳白色，质脆且细嫩多汁，甘甜清香，营养丰富。富含钾、锌、钙、硒、铁等多种元素和18种人体必需的氨基酸，含丰富的维生素A、维生素B、维生素C、维生素E，被誉为“活维生素丸”。荣获2008年中国地理标志保护产品认证。

东阿黑毛驴

Dong'e Heimaolü

东阿黑毛驴体型大，毛黑皮厚，生长发育快，繁殖力强，产乳量大，屠宰率高，肉品质优良，抗病力强，是熬制“九朝贡胶”的上乘原料。荣获2013年农业部农产品地理标志，入选中国特色农产品优势区（第一批）。

滕州马铃薯

Tengzhou Malingshu

滕州马铃薯皮色黄亮光滑，薯形美观，皮薄肉脆，口味独特，其内在营养十分丰富。荣获2016年山东省首批知名农产品区域公用品牌、2017中国农产品百强区域公用品牌。

章丘大葱

Zhangqiu Dacong

章丘大葱是山东省的地方名、特、优产品。因为独特的自然条件，造就了其“葱高、白长、脆嫩、味甜”的优良特性。荣获2017中国农产品百强区域公用品牌、入选中国特色农产品优势区（第一批）。

陈集山药 Chenji Shanyao

陈集山药外形修长圆润，质地硬实如铁棍，口感面甜绵爽。因其药用、保健价值高，一直备受追崇。2008年荣获中国地理标志保护产品认证。

冠县鸭梨 Guanxian Yali

冠县鸭梨产自中国鸭梨之乡，以皮薄肉脆汁多，果形端正、果色金黄、酸甜可口、核小肉白、耐贮而驰名。荣获2006年中国地理标志证明商标，农业部农产品地理标志。

莱芜生姜 Laiwu Shengjiang

莱芜生姜素以块大皮薄、辣浓味美、营养丰富等优良特性而著称，是不可多得的“植物味精”。荣获2008年中国地理标志证明商标、2016年首批山东省知名农产品品牌。

烟台大樱桃

Yantai Dayingtao

烟台大樱桃果实色泽鲜艳，果肉脆嫩酸甜，营养丰富，还有较高的药用价值，被誉为“果中珍品”。荣获2009年中国地理标志证明商标。

阳信鸭梨

Yangxin Yali

阳信鸭梨产自中国鸭梨之乡，具有果形美观、皮薄肉细、核小无渣、香甜脆嫩、味美多汁、耐贮运等特点，素有“人间仙果”“天生甘露”之美誉。荣获2013年农业部农产品地理标志。

阳谷朝天椒

Yanggu Chaotianjiao

阳谷朝天椒具有椒型小易干制的特征，辣味极高，营养丰富，为烹调之佳品，被誉为江北第一辣。荣获2014年农业部农产品地理标志，入选2017年全国名特优新农产品目录。

荣成苹果

Rongcheng Pingguo

荣成苹果具有色泽鲜艳、个大形正、果面光洁、皮薄肉脆、风味香甜、汁多爽口的独特品质。荣获2010年农业部地理标志。

陵县神头香椿

Lingxian Shentou Xiangchun

陵县神头香椿栽培历史悠久，嫩芽紫红，粗壮肥嫩，香味浓郁，营养丰富，具有清热解毒、健胃理气、美容养颜、润肤明目等奇特功效。荣获中国地理标志证明商标。

平阴玫瑰

Pingyin Meigui

平阴玫瑰以其花色艳丽、香气浓郁、瓣多且厚、品质优异驰名中外。荣获2010年中国地理标志证明商标、2018年山东省知名农产品区域公用品牌。

莱芜黑猪 Laiwu Heizhu

莱芜黑猪肉质细嫩香醇，具有我国独有的雪花猪肉特征，其各项检查指标均高于国外猪。荣获2012年农业部农产品地理标志。

荣成大花生 Rongcheng Dahuasheng

荣成大花生果实洁白体大，壳薄，籽粒饱满且多为双仁果；籽仁呈长椭圆形，口感较一般花生香，且香中带甜，抗氧化、不变味、保存时间长。荣获2006年中国地理标志证明商标。

德州克氏原螯虾 Dezhou Keshi Yuan'aoxia

克氏原螯虾体型比其他淡水虾类大，肉也相对较多，是一种高蛋白、低脂肪的健康食品。德州市也因此荣获2016年度山东龙虾产业第一镇称号。

陵县西葫

Lingxian Xihu

中国地理标志证明商标

南王店西瓜

Nanwangdian Xigua

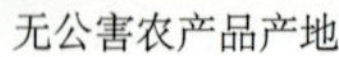

无公害农产品产地

荣成无花果

Rongcheng Wuhuaguo

农业部农产品地理标志产品

武城辣椒

Wucheng Lajiao

山东省知名品牌

夏津葚果

Xiajin Shenguo

中国地理标志证明商标

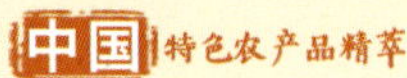

河南省特色农产品

推荐单位：河南省农业厅

正阳花生
新乡小麦
南阳黄牛
黄河鲤鱼
信阳毛尖
灵宝苹果
西峡猕猴桃
温县铁棍山药
曹镇大米
八里营甜瓜
淇河缠丝鸭蛋
新野甘蓝
寺郎腰大葱
大紫丫红薯
杞县大蒜
小相菊花
洪河小米
鹿邑芹菜
平舆白芝麻
太行菊
桐柏玉叶
夏邑西瓜
柘城三樱椒

正阳花生

Zhengyang Huasheng

正阳花生籽仁富含脂肪，一般在53%左右，有的品种高达57%，花生油清香浓郁，品质优良。脂肪中不饱和脂肪酸占80%，饱和脂肪酸占20%，并含有丰富的维生素E及其他营养物质，具有香、酥、脆、口感好、营养丰富等特点。荣获2017中国农产品百强区域公用品牌。

新乡小麦

Xinxiang Xiaomai

新乡小麦具有籽粒白色、饱满透明、色泽光亮的外在特征和容重高、出粉率高、籽粒蛋白质含量高、湿面筋含量高、面团稳定时间长的内在优良品质。荣获2017中国农产品百强区域公用品牌，可谓名副其实的“中国第一麦”。

南阳 黄牛 Nanyang Huangniu

南阳黄牛肌肉丰满，肉质细嫩，颜色鲜红，口感极佳，被中外专家称为“理想肉品”，其最大特点是肌纤维细，大理石状明显，鲜香味浓，做肥牛火锅及卤制牛肉实属上品。皮质优良，享誉国内外，素有『南皮』之美名。荣获2017中国农产品百强区域公用品牌。

郑州 黄河鲤鱼 Zhengzhou Huanghe Liyu

郑州黄河鲤鱼金鳞赤尾，体形梭长、肉质细嫩而鲜美。相比其他鲤鱼，其肌肉中含有较高的蛋白质和适宜的脂肪，营养丰富。从古至今一直是国人酒宴上的美味佳肴和馈赠礼品。荣获2017中国农产品百强区域公共品牌。

信阳 毛尖 Xinyang Maojian

信阳毛尖外形细圆紧直，色泽翠绿，白毫显露，汤色嫩绿明亮，滋味鲜爽回甘，香气馥郁持久。中国十大名茶之一，荣获2017年中国十大茶叶区域公用品牌、入选中国特色农产品优势区（第一批）。

灵宝苹果色泽鲜艳、香味浓郁、酸甜可口、耐贮耐运、品质优良、营养丰富，脆感明显、香味浓郁。荣获2008年中国地理标志保护产品认证、2015年中国知名品牌、入选中国特色农产品优势区（第一批）。

西峡猕猴桃

西峡猕猴桃含有人体必需的多种维生素、氨基酸及微量元素，维生素C含量极高，居水果之冠。荣获2008年中国地理标志保护产品认证。

温县铁棍山药

Wenxian Tiegun Shanyao

温县铁棍山药体型细长，肉质细腻，被历代中医推崇为“药食同源”的典范，具有提高免疫力、预防心血管疾病等多种功效。入选2017年全国名特优新农产品目录。

曹镇大米 Caozhen Dami

曹镇大米淀粉含量较高，蛋白质含量适中，干物质积累多，粒粒饱满、质地坚硬、色泽清白、透亮。荣获2017年农业部农产品地理标志。

八里营甜瓜 Baliying Tiangua

八里营甜瓜果肉厚，肉质脆嫩、酥爽，含糖高。含大量水分、碳水化合物及柠檬酸等物质，清热解署、祛烦止渴、利尿，对便秘有辅助疗效。荣获2013年中国地理标保护产品认证。

Qihe Chansi Yadan 淇河缠丝鸭蛋

淇河缠丝鸭蛋早在殷商时期即为宫廷贡品。其蛋黄呈黄红色，切开内有缠绕着的一圈圈不同的色环，由外及里绕着核心，故称“缠丝鸭蛋”，其营养价值高于普通鸭蛋。荣获2017年农业部农产品地理标志。

新野甘蓝

Xinye Ganlan

新野甘蓝个大、紧实、体美、味佳、丰产、耐寒、耐裂、耐贮。富含蛋白质、维生素、糖等成分，适合任何体质的人长期食用。荣获2014年农业部农产品地理标志。

寺郎腰大葱 Silangyao Dacong

寺郎腰大葱具有白、长、肉厚、味辛辣的品质，在明朝时期是贡品。2012年获"绿色食品"认证。荣获2011年农业部农产品地理标志、2012年中国国际农产品博览会金奖。

大紫丫红薯 Daziya Hongshu

大紫丫红薯具有薯肉细腻、口感细腻、营养价值高的典型特征，是花园口的名优特色农产品。在国际农产品交易会上屡获优秀产品奖及金奖。

杞县大蒜 Qixian Dasuan

杞县大蒜具有个大、周正、皮白、不散头、耐贮藏、辛辣味正、硒含量丰富等特点。荣获2009年农业部农产品地理标志、2013年中国百大地理标志产品。

小相菊花 Xiaoxiang Juhua

小相菊花颗粒小、性味甘甜、清香厚重，具有清热解毒、养肝明目、养颜益寿等功效。其蒙花苷含量达到1.24%，被称为中国花茶之王。荣获2015年农业部农产品地理标志。

洪河小米 Honghe Xiaomi

洪河小米早在唐朝时期就是贡品。其营养丰富，食药两用。荣获2011年中国地理标志证明商标、2012年最具影响力中国农产品区域公用品牌。

鹿邑芹菜

Luyi Qincai

河南省知名品牌

平舆白芝麻

Pingyu Baizhima

中国地理标志证明商标

太行菊

Taihang Ju

河南省知名品牌

桐柏玉叶

Tongbai Yuye

农业部农产品地理标志产品

夏邑西瓜

Xiayi Xigua

农业部农产品地理标志产品

河南省知名品牌

Zhecheng Sanyingjiao

柘城三樱椒

湖北省
特色农产品

推荐单位：湖北省农业厅

潜江龙虾
蔡甸莲藕
恩施硒茶
宜昌蜜橘
秭归脐橙
监利黄鳝
恩施玉露
鄂州武昌鱼
房县黑木耳
洪湖莲藕
武当道茶
利川红
英山云雾茶
国宝桥米
松滋鸡
房县虎杖
瓦仓软香米

汉水砂梨
紫油厚朴
洪湖再生稻
赤壁青砖茶
宜昌宜红茶
巴东玄参
监利荆江鸭
板桥党参
孝感七仙红桃
潜江虾稻
公安牛肉
宜昌白山羊
福娃大米
清江椪柑
火烧坪包儿菜
洪湖清水

潜江龙虾 Qianjiang Longxia

潜江龙虾腮丝洁白，外形肥大，出肉率高，高蛋白、低脂肪。荣获2016年农业部农产品地理标志、2017中国农产品百强区域公用品牌。

蔡甸莲藕 Caidian Lian'ou

蔡甸莲藕具有9～13孔，其外观通长肥硕、质白细嫩、藕表光滑、藕丝绵长，煨汤粉糯、汤稠汁白。荣获2017年中国地理标志保护产品认证，入选中国特色农产品优势区（第一批）。

恩施硒茶绿茶翠绿如玉，红茶红艳明亮，青茶汤色金黄，黑茶杏黄透亮，特种茶清新高雅。荣获2017年最受消费者喜爱的中国农产品区域公用品牌，入选中国特色农产品优势区（第一批）。

恩施硒茶 Enshi Xicha

宜昌蜜橘 Yichang Miju

宜昌蜜橘皮薄光洁，果肉脆嫩，爽口化渣，橘香浓郁。荣获2017年农业部农产品地理标志、2017中国农产品百强区域公用品牌。

秭归脐橙 Zigui Qicheng

秭归脐橙皮薄色鲜、肉脆汁多、香味浓郁、酸甜适度，富含多种营养成分。荣获2016年中国驰名商标、2017年农业部农产品地理标志、2017中国农产品百强区域公用品牌。

监利黄鳝 Jianli Huangshan

监利黄鳝体形长而圆，含有丰富的DHA和EPA，具有药食同源、补脑健身的功能。荣获2017中国农产品百强区域公用品牌。

恩施玉露 Enshi Yulu

恩施玉露色泽翠绿；汤色嫩绿明亮，香气清香持久，滋味鲜爽回甘；叶底嫩匀、明亮。荣获2007年中国地理标志保护产品认证、2015年中国驰名商标。

鄂州武昌鱼 Ezhou Wuchangyu

鄂州武昌鱼又名团头鲂，头小体高，面扁背厚，呈菱形，脂肪丰曳，肉味鲜美。荣获2005年中国地理标志证明商标、中国驰名商标、2009年全国消费者最喜爱的绿色商标、最具竞争力的地理标志商标。

房县黑木耳 Fangxian Heimuer

房县黑木耳为唐中宗李显钦点皇家贡品。色泽好、外观美、清香滑腻、质地纯正、营养丰富，泡发时柔软无异味。既可做主料，也可做辅料。荣获2009年中国地理标志保护产品认证。

洪湖莲藕 Honghu Lian'ou

洪湖莲藕为历代贡品，味甘多粉，藕丝绵长，清甜爽口；生吃脆甜，煨汤易熟易烂、浓香扑鼻。被收入央视《源味中国》《中国名食百科》。荣获2014年中国地理标志保护产品认证。

武当道茶 Wudang Daocha

武当道茶茶香鲜嫩，清高持久，滋味鲜淳甘爽，汤色嫩绿明亮，叶底细嫩成朵、明亮、匀齐。荣获2015年中国驰名商标、农业部农产品地理标志。

利川红 Lichuan Hong

利川红为工夫红茶，外形细嫩紧结，金毫显露；汤色红亮，香气浓纯，滋味甜醇，叶底红亮细嫩多芽。荣获2017年中国地理标志保护产品认证、2018年第二届中国国际茶叶博览会金奖。

英山云雾茶 Yingshan Yunwucha

英山云雾茶色泽翠绿尚润，香高持久，滋味鲜浓爽口，汤色嫩绿明亮。荣获2017年消费者最喜爱的中国农产品区域公用品牌。

国宝桥米 Guobao Qiaomi

国宝桥米又称“御谷”，是明代皇家贡品。国宝桥米青艮如玉，米饭粳而略糯，香喷扑鼻。荣获2004年中国地理标志保护产品认证。

松滋鸡 Songzi Ji

松滋鸡属蛋、肉兼用型鸡，体壮肉实。用以烹食，其汤汁浓郁，肉感鲜美、爽滑、香韧、耐嚼，油而不腻。荣获2017年农业部农产品地理标志。

农业部农产品地理标志产品

中国地理标志证明商标

湖北省知名品牌

紫油厚朴 Ziyou Houpo

中国地理标志保护产品

洪湖 再生稻 Honghu Zaishengdao

农业部农产品地理标志产品

中国地理标志保护产品

宜昌 宜红茶

湖北省知名品牌

Yichang Yihongcha

巴东 玄参

Badong Xuanshen

中国地理标志保护产品

监利 荆江鸭

Jianli Jingjiangya

农业部农产品地理标志产品

板桥 党参

Banqiao Dangshen

中国地理标志保护产品

孝感 七仙红桃

Xiaogan Qixian Hongtao

湖北省知名品牌

潜江 虾稻

Qianjiang Xiadao

湖北省知名品牌

公安牛肉 Gong'an Niurou

中国地理标志保护产品

宜昌白山羊 Yichang Baishanyang

农业部农产品地理标志产品

福娃大米 Fuwa Dami

湖北省知名品牌

清江椪柑 Jiangqing Penggan

湖北省知名品牌

火烧坪包儿菜 Huoshaoping Baoercai

中国地理标志保护产品

洪湖清水 Honghu Qingshui

中国地理标志保护产品

湖南省
特色农产品

推荐单位：湖南省农业委员会

黔阳冰糖橙
华容芥菜
安化黑茶
宁乡花猪
邵阳茶油
古丈毛尖
沅江芦笋
汉寿甲鱼
常德香米
石门柑橘
湘西猕猴桃
岳阳黄茶
炎陵黄桃
新晃黄牛
湘潭湘莲
张家界大鲵
怀化碣滩茶
永兴冰糖橙
长沙绿茶
靖州杨梅
桃江竹笋
祁东黄花菜
新田大豆
洞口雪峰蜜橘
大围山梨
武冈铜鹅

黔阳冰糖橙

Qianyang Bingtangcheng

黔阳冰糖橙果皮橙色光滑，果肉橙黄，入口甘甜脆嫩，具清香味，富含多种维生素。2018年荣获农业部农产品地理标志、2017中国农产品百强区域公共品牌。

华容芥菜

Huarong Gaicai

华容芥菜茎壮叶阔，质地脆嫩。腌制后微酸香脆，增进食欲。含有丰富的蛋白质、纤维素、维生素C等营养元素。荣获2017中国农产品百强区域公用品牌。

安化黑茶

Anhua Heicha

安化黑茶色泽黑润或黑褐，香气纯正；滋味醇厚或醇和，极耐冲泡，具有降血压血脂、改善便秘、增进食欲等保健功能，不仅在国内备受推崇，也出口国外市场。荣获中国十大茶叶区域公用品牌，入选中国特色农产品优势区(第一批)。

宁乡花猪

Ningxiang Huazhu

宁乡花猪具有性情温驯，肉味鲜美，肉质细嫩等特点。其瘦肉比例、肌肉pH等指标极佳。荣获2017中国农产品百强区域公共品牌。

邵阳茶油

Shaoyang Chayou

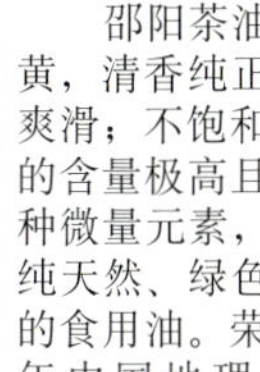

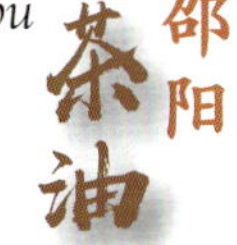

邵阳茶油色泽亮黄，清香纯正，口感爽滑；不饱和脂肪酸的含量极高且含有多种微量元素，是一种纯天然、绿色、健康的食用油。荣获2014年中国地理标志保护产品认证，入选中国特色农产品优势区（第一批）。

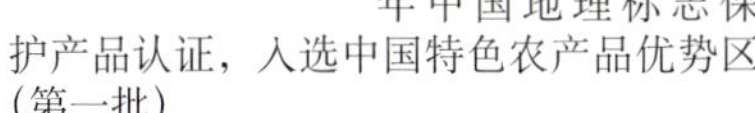

古丈毛尖

Guzhang Maojian

古丈毛尖具有紧细圆直、色泽翠绿、滋味醇爽回甘等特点，被誉为“中国针形茶的代表”。先后获得国内、国际金奖，并荣获2008年中国地理标志保护产品认证、2016年湖南省十大农业区域公用品牌。

沅江芦笋

Yuanjiang Lusun

沅江芦笋幼苗粗壮肥硕，肉质鲜嫩，营养和药用价值极高，富含大量膳食纤维和氨基酸等营养元素。荣获2016年湖南省十大农业区域公用品牌。

汉寿甲鱼

Hanshou Jiayu

汉寿甲鱼体薄片大，裙边宽而厚；肉质纯正，细嫩鲜美，其营养价值和药用价值优胜于其他种群。荣获2016年湖南省十大农业区域公用品牌。

常德香米

Changde Xiangmi

常德香米油亮蓬松，晶莹剔透，口感爽滑，冷饭不回生，不黏结。荣获第十五届中国（湖南长沙）国际粮油展会金奖、2016年湖南省十大农业区域公用品牌、2018年农业农村部农产品地理标志。

石门柑橘 Shimen Ganju

石门柑橘产自中国柑橘之乡，其着色鲜艳、甜酸可口、较耐贮运。富含有机酸和多种矿质元素。荣获2008年中国地理标志证明商标、2017年 湖南省十大农产品区域公用品牌。

湘西猕猴桃 Xiangxi Mihoutao

湘西猕猴桃果大色正，风味浓郁，甜酸适度，富含有机酸，能调中理气，生津润燥，有“水果之王”之称。荣获2007年中国地理标志保护产品认证。

岳阳黄茶 Yueyang Huangcha

岳阳黄茶汤色杏黄明亮，有独特酵花香味，滋味醇和甘甜，贮藏越久品质越好。荣获2014年中国地理标志保护产品认证、2017年湖南省十大农业区域公用品牌。

Yanling Huangtao 炎陵黄桃

炎陵黄桃果形周正、颜色橙黄、单果重在150克以上，具有果色亮丽、甜度适中、酥脆可口、香气浓郁等特有品质。荣获2016年中国地理标志证明商标、2016年湖南省十大农业区域公用品牌。

新晃黄牛 xinhuang huangniu

新晃黄牛肉质细嫩，香味浓郁，风味独特，营养价值高，供不应求。荣获2009年中国地理标志保护产品认证、2016年湖南省十大农业区域公用品牌。

湘潭湘莲 Xiangtan Xianglian

湘潭湘莲粒大饱满，洁白圆润，质地细腻，清香鲜甜，营养丰富。荣获2010年中国地理标志保护产品认证、2016年湖南省十大农业区域公用品牌。

Zhangjiajie Dani

中国地理标志保护产品

中国地理标志证明商标

中国地理标志保护产品

长沙 绿茶

Changsha Lücha

农业部农产品地理标志产品

靖州 杨梅

Jingzhou Yangmei

中国地理标志证明商标

桃江竹笋

中国地理标志证明商标

祁东黄花菜

中国地理标志保护产品

新田大豆

中国地理标志保护产品

洞口雪峰蜜橘

Dongkou Xuefeng Miju

中国地理标志保护产品

大围山梨

Dawei Shanli

长沙市十大乡村土特产

武冈铜鹅

Wugang Tong'e

湖南省十大农业区域品牌

广东省特色农产品

推荐单位：广东省农业厅

德庆贡柑
罗定稻米
清远麻鸡
斗门白蕉海鲈
茂名储良龙眼
高州荔枝
梅州金柚
郁南无核黄皮
乐昌黄金柰李
英德红茶
新会陈皮
东源板栗
马冈鹅
恩平大米
张溪香芋
水东芥菜
连州菜心
始兴香菇
封开杏花鸡
饶平狮头鹅
凤凰单丛（枞）茶

德庆贡柑

Deqing Gonggan

德庆贡柑历史悠久，在宋高宗年间被列为朝廷贡品。它是肇庆的传统优稀柑橘品种，皮薄核少，肉质细嫩，香甜似蜜。荣获2004年中国地理标志保护产品认证、2017中国农产品百强区域公用品牌。

罗定稻米

Luoding Daomi

“好山好水出好米，罗定稻米香四方”，罗定是岭南地区最早种植水稻的地方之一，通过不断实践与良种良法的推广，造就了罗定稻米优异品质。其米粒纤长如玉，蒸煮后爽滑有弹性，冷饭不回生。荣获2014年中国地理标志保护产品认证、2017中国农产品百强区域公用品牌。

清远 麻鸡

Qingyuan Maji

清远麻鸡养殖历史悠久，作为优良品种列入《中国家禽品种志》。其皮色金黄，皮滑、骨脆、肉嫩，回味香醇。荣获2014年中国地理标志保护产品认证、2017中国农产品百强区域公用品牌。

斗门 白蕉海鲈

Doumen Baijiao Hailu

斗门白蕉海鲈肉厚，质地鲜嫩、透明，入口嫩滑清甜，清香无腥味，且鳃、肉皆可入药。其鳃性味甘、平，有止咳化痰之功效，可用以治疗小儿百日咳。其肉性味甘、温，有健脾益气之功效。荣获2009年中国地理标志保护产品认证，入选中国特色农产品优势区（第一批）。

茂名 储良龙眼

Maoming Chuliang Longyan

茂名储良龙眼是广东省龙眼优稀品种，被纳入全国优稀龙眼基因库保存。其果大肉厚，呈扁圆形或鸡肾形，果皮平滑。荣获2004年中国地理标志保护产品认证、2015年广东省名特优新农产品区域公用品牌。

高州荔枝 Gaozhou Lizhi

高州荔枝产于光热充足的广东省西南部，堪称高州的“果魂”。荣获2015年广东省名特优新农产品区域公用品牌、2016年中国地理标志证明商标。

梅州金柚 Meizhou Jinyou

梅州金柚果大，外形美观，果形端正；果皮黄色，光滑、匀整、洁净；果肉清甜爽口，有蜜味，质脆而化渣；耐贮藏运输。荣获2006年中国地理标志保护产品认证。

郁南无核黄皮 Yunan Wuhe Huangpi

郁南无核黄皮有助于理气消滞，因此被誉为“正气果”。荣获2004年中国地理标志保护产品认证、2015年广东省名特优新农产品区域公用品牌。

乐昌黄金柰李 Lechang Huangjin Naili

乐昌黄金柰李果品成熟后呈金黄色，被称为“黄金柰李”。荣获2018年中国地理标志保护产品认证。

英德红茶

Yingde Hongcha

英德红茶外形条索肥壮紧结，色泽乌润显毫，叶底红软均匀明亮。荣获2017年中国优秀茶叶区域公用品牌。

新会陈皮

Xinhui Chenpi

新会陈皮散发芳香扑鼻的香味，具有很高的药用价值，是传统的香料和调味佳品，向来享有盛誉，畅销海内外。荣获2006年中国地理标志保护产品认证、2015年广东省名特优新农产品区域公用品牌。

东源板栗

Dongyuan Banli

东源板栗营养丰富、风味独特、甜而不腻，既可代粮也可作膳。荣获2015年广东省名特优新农产品区域公用品牌。

马冈鹅

Magang E

马冈鹅由广东江门开平农民进行杂交选育所得，可制烧鹅，皮脆油亮，肉质紧致嫩滑，鲜香而不油腻。荣获2013年农业部农产品地理标志。

恩平大米

广东省知名品牌

张溪香芋

中国地理标志保护产品

水东芥菜

中国地理标志保护产品

封开杏花鸡

中国地理标志保护产品

始兴香菇

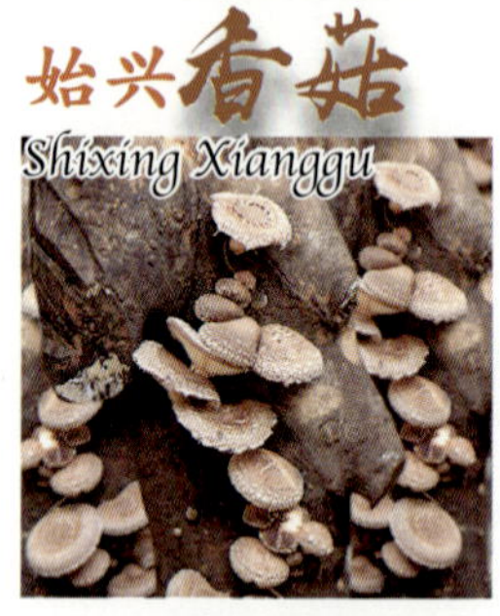

广东省知名品牌

连州菜心

农业部农产品地理标志产品

饶平狮头鹅

农业部农产品地理标志产品

凤凰单丛（枞）茶

Fenghuang

中国地理标志保护产品

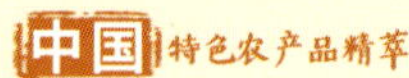

广西壮族自治区特色农产品

推荐单位：广西壮族自治区农业厅

百色芒果
荔浦芋
钦州大蚝
南宁香蕉
永福罗汉果
陆川猪
融安金橘
梧州六堡茶
灵山荔枝
金田淮山
西林沙糖橘
宜州桑蚕茧
龙滩珍珠李
南丹巴平米

百色芒果 Baise Mangguo

百色芒果外观亮丽，香气浓郁，果肉橙黄色，核小肉厚，肉质嫩滑，纤维少，汁多可口；富含维生素、胡萝卜素等，常食芒果可预防衰老，增强人体免疫力。荣获2017年首批中国－欧盟地理标志互认产品、2017中国农产品百强区域公共品牌，入选中国特色农产品优势区域（第一批）。

荔浦芋 Lipu Yu

荔浦芋属于天南星科多年生草本植物，是优秀的槟榔芋品种，因盛产于荔浦而得名。荔浦芋具有香、酥、粉、糯、甜、软、鲜的特殊风味，曾为广西首选皇室贡品。荣获2005年中国地理标志保护产品认证、2017中国农产品百强区域公用品牌。

钦州大蚝 Qinzhou Dahao

钦州大蚝个体大、满美、色泽乳白，以其肉质脆嫩、肉味鲜美、营养丰富畅销大江南北，与乳山牡蛎一起被产业界称为“南蚝北蛎”。蚝肉蛋白质含量超过40%，营养丰富，味道鲜美，素有“海中牛奶”之称。荣获2017中国百强农产品区域公用品牌。

南宁香蕉 Nanning Xiangjiao

南宁香蕉有桂蕉、鸡蕉、皇帝蕉、红香蕉、金粉1号等品种；其果实香甜，口感润滑，富含胡萝卜素、硫胺素、烟酸、维生素C、维生素E以及钾和硒等多种微量元素。荣获2017中国农产品百强区域公用品牌。

永福罗汉果

Yongfu Luohanguo

永福罗汉果是中国特有物种，素有“东方神果”的美誉，是药食两用产品。富含罗汉果甜苷、18种氨基酸、硒元素、黄酮素、皂苷、维生素等营养成分。对于治疗急性气管炎、急性扁桃体炎等疾病都有很好的疗效。荣获2004年中国地理标志保护产品认证，入选2017中国特色农产品优势区（第一批）。

陆川猪

Luchuan Zhu

陆川猪因产于广西陆川县而得名，历史悠久。体型特点为矮、短、宽、肥、圆，背腰宽广凹下，腹大常拖地，毛色呈一致性黑白花；具有繁殖力高、母性好、抗逆性强、肉嫩味鲜、体型紧凑、遗传力稳定等优点。荣获2013年农业部农产品地理标志，入选2017年中国特色农产品优势区（第一批）。

融安金橘 Rong'an Jinju

融安金橘素有“长寿果”的美称，果色金黄、皮薄肉嫩，果实富含维生素A、维生素C等微量元素。荣获2011年中国地理标志保护产品认证、2015年中国果品区域公用品牌50强。

梧州六堡茶 Wuzhou Liupucha

梧州六堡茶属黑茶类，色泽黑褐光润，汤色红浓明亮，滋味醇和爽口。2014年，文化部将六堡茶传统制作技艺列入国家级非物质文化遗产名录。荣获2011年中国地理标志保护产品认证。

灵山荔枝 Lingshan Lizhi

灵山县目前栽培的荔枝品种达30多个，早、中、晚熟搭配，以果大、色美、肉厚、核小、质脆、汁多、味甜见长。荣获2012年中国地理标志保护产品认证，入选2017年广西特色农产品优势区。

金田淮山 Jintian Huaishan

金田淮山外形呈条状，色洁白，块茎耐煮，带特有甜香味，口感细腻；性温补，既可入药，也可作副食品。荣获2016年中国地理标志证明商标。

西林沙糖橘 Xilin Shatangju

西林砂糖橘果实扁圆形，大小适中，富光泽，果皮薄，果汁含量丰富，果肉脆嫩化渣、味浓甜、口感好。荣获2012年中国地理标志保护产品认证。

宜州桑蚕茧 Yizhou Sangcanjian

宜州桑蚕茧外观呈长椭圆形，茧形茧幅均匀，茧色洁白，光泽好，缩皱均匀，厚薄均匀，品质优良。荣获2018年农业农村部农产品地理标志。

龙滩珍珠李 Longtan Zhenzhuli

龙滩珍珠李产自中国珍珠李之乡，具有丰产、优质、晚熟（8月上中旬）、香甜脆口、肉核分离的特点，被誉为“李族皇后”。荣获2012年中国地理标志保护产品认证。

南丹巴平米 Nandan Bapingmi

南丹巴平米颗粒饱满、色泽透明，蒸煮出来的米饭清香可口、软而不黏、冷而不硬，是当之无愧的绿色生态产品。荣获2014年中国地理标志保护产品认证、2017年第十五届中国国际农产品交易会金奖。

海南省特色农产品

推荐单位：海南省农业厅

文昌鸡
三亚芒果
文昌椰子
桥头地瓜
三亚莲雾
澄迈白莲鹅
澄迈苦丁茶
福山咖啡
万宁东山羊
澄迈福橙
保亭红毛丹
多文空心菜

文昌鸡

Wenchang Ji

文昌鸡体形方圆，脚胫细短；皮薄骨酥，肉质香甜嫩滑，含有多种特有风味氨基酸和脂肪酸。同时抗病性和适应性强，产蛋率高，产蛋率55％～75％，维持在150天左右。入选2009年海南省第三批非物质文化遗产保护名录，荣获2012年中国地理标志保护产品认证、2017中国农产品百强区域公用品牌。

三亚芒果

Sanya Mangguo

三亚芒果果实为椭圆形，成熟果实为红、黄色带果蜡，色泽鲜艳，果肉厚，可鲜食或干制，进行深加工。荣获2011年中国地理标志证明商标、2015年农业部农产品地理标志、2017中国农产品百强区域公用品牌。

文昌椰子

Wenchang Yezi

文昌椰子果皮翠绿，椰汁清甜，椰肉软硬适中，含有丰富的可溶性糖、矿物质元素、蛋白质和脂肪酸。荣获2017年农业部农产品地理标志、海南省十佳区域公用品牌。

桥头地瓜

Qiaotou Digua

桥头地瓜香、甜、粉、糯，营养好，口感佳，色泽迷人，味道甜而不腻、粉而不噎、软而无丝。荣获2018年中国地理标志证明商标，入选中国特色农产品优势区（第一批）。

三亚莲雾

Sanya Lianwu

三亚莲雾果大饱满、皮薄滑亮、色泽诱人、清香爽口、多汁甘甜、海绵质部分极少，全果皆食。荣获2017年农业部农产品地理标志。

澄迈白莲鹅

Chengmai Bailian'e

澄迈白莲鹅鹅肉营养丰富，富含人体必需的多种氨基酸、蛋白质、多种维生素、烟酸、糖、微量元素，脂肪含量低，不饱和脂肪酸含量高。荣获2016年农业部农产品地理标志。

中国地理标志保护产品

中国地理标志保护产品

海南著名品牌　享誉海内外

中国福橙之乡　中国十大名橙

中国地理标志证明商标

全国著名蔬菜　曾为皇家贡品

1. 澄迈苦丁茶
2. 福山咖啡
3. 万宁东山羊
4. 澄迈福橙
5. 保亭红毛丹
6. 多文空心菜

中国特色农产品精萃

重庆市
特色农产品

推荐单位：重庆市农业委员会

奉节脐橙
涪陵榨菜
荣昌猪
涪陵青菜头
梁平柚
重庆璧山葡萄
渝北梨橙
接龙蜜柚
潼南罗盘山生姜
潼南萝卜
大足冬菜
南川大树茶
彭水苏麻
江津花椒
南川米
万州柠檬
石柱辣椒
巫溪洋芋
巫山脆李
永川秀芽

奉节脐橙 Fengjie Qicheng

奉节脐橙酸甜适度、脆嫩化渣，汉代起就被历代王朝定为贡品。有“园柑长成时，三寸如黄金”的赞誉。荣获2009年中国地理标志保护产品认证、2017中国农产品百强区域公用品牌，入选中国特色农产品优势区（第一批）。正宗奉节脐橙都贴有果标，通过扫描果标上的二维码可实现质量追溯。

涪陵榨菜 Fuling Zhacai

涪陵榨菜有丝、片、颗粒、酱等各种形态的产品，富含人体所必需的氨基酸及钙、铁等微量元素；营养丰富、质地嫩脆、下锅不软、开胃生津。荣获2006年中国地理标志证明商标、2017中国农产品百强区域公用品牌，2018年国家外贸转型升级基地（榨菜）。

荣昌猪 Rongchang Zhu

荣昌猪原产于重庆西部的荣昌，体型中等，除眼部周围一圈黑毛外，通体雪白，俗称“熊猫猪”。耐粗饲、适应性强，肉质好、瘦肉率较高，遗传性能稳定，有“华夏之宝”的美誉。世界八大名猪、中国三大名猪之一，1957年列入《世界家畜品种及名种辞典》，荣获2009年中国地理标志保护产品认证、2017中国农产品百强区域公用品牌。

涪陵青菜头 Fuling Qingcaitou

涪陵青菜头呈近圆球形，皮薄少筋、表皮青绿，肉质白而肥厚，质地嫩脆，富含人体所必须氨基酸、芥子苷、多种维生素和钙、磷等微量元素；具有抗氧化、改善和调节生理功能的保健作用，增强人体免疫力。荣获2014年重庆蔬菜第一品牌，入选中国特色农产品优势区（第一批）。

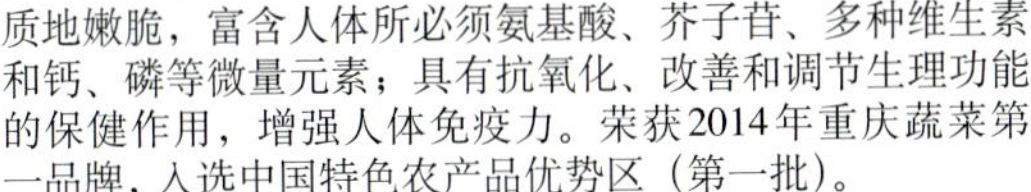

梁平柚 Liangping You

梁平柚呈扁圆形，果形美观、色泽金黄、皮薄光滑，果皮芳香浓郁、易剥离，果肉淡黄晶莹、香甜滋润、细嫩化渣、汁多味浓，具有“天然罐头”之美誉。荣获1999年北京国际农业博览会名牌产品奖，2008年农业部农产品地理标志，2010年中国地理标志证明商标。

重庆璧山葡萄 Chongqing Bishan Putao

璧山县作为中国优质葡萄之乡，拥有重庆市最大的葡萄种植基地，是中国葡萄无公害科技创新示范县。主导品种“密丽”抗性强，成熟早，品质优（6月上旬成熟，果粒大小均匀，皮薄且韧、易剥离）。荣获2012年中国地理标志证明商标。

渝北梨橙

Yubei Licheng

渝北梨橙产于渝北区，2002年送检中华人民共和国农业部柑橘及苗木质量监督检验测试中心，各项指标均达到优等品标准。2008年荣获中国梨橙之乡称号，2010年被评为中国十大名橙，荣获2012年农业部农产品地理标志。

接龙蜜柚

Jielong Miyou

接龙蜜柚品质优良，单果重2千克左右，质量达到绿色食品级。富含柚皮苷等黄酮类物质和防癌物质柠檬苦素、维生素C、钙、铁、硒等10余种元素。荣获第16～18届中国农产品国际博览会金奖、2017年第14届中国国际农产品交易会金奖。

潼南罗盘山生姜

Tongnan Luopanshan Shengjiang

潼南罗盘山生姜形如手掌，姜指长，皮白肉淡黄，表面光洁晶莹，脆嫩微辣，易于存窖。其历史可追溯到公元618—907年的唐朝。荣获2011年农业部农产品地理标志、2015年生态原产地保护标志、2016年第十七届中国绿色食品博览会金奖。

潼南萝卜

Tongnan Luobo

潼南萝卜外观长白直，毛孔细腻光滑，无凸出凹陷褶皱，光泽度好。荣获2011年农业部农产品地理标志，入选2017年全国名特优新农产品目录，2015年准予使用生态原产地保护标志。

中国地理标志证明商标

大足冬菜

中国地理标志证明商标

Nanchuan Dashucha

南川大树茶

Pengshui Suma

彭水苏麻

农业部农产品地理标志

农业部农产品地理标志产品
中国地理标志证明商标

江津花椒

Jiangjin Huajiao

农业部农产品地理标志产品

南川米

Nanchuan Mi

万州柠檬

Wanzhou Ningmeng

中国地理标志证明商标

石柱辣椒

Shizhu Lajiao

农业部农产品地理标志产品

巫溪洋芋

Wuxi Yangyu

农业部农产品地理标志产品

巫山脆李

Wushan Cuili

中国脆李之乡　中国地理标志证明商标

永川秀芽

中国地理标志证明商标

在国际国内名优茶评比中获奖50余次

Yongchuan Xiuya

四川省特色农产品

推荐单位：四川省农业厅

四川泡菜
广元苍溪红心猕猴桃
新津黄辣丁
宜宾油樟
眉山丹棱脐橙
广元米仓山富锌富硒绿茶
眉山曹家梨
会理石榴
宜宾茵红李
宜宾竹海长裙竹荪
会理黑山羊
金堂姬菇
合江真龙柚
合江荔枝
攀枝花芒果

安岳柠檬
广元七绝
德昌桑葚
犍为茉莉花
广元高山露地蔬菜
剑门关土鸡
邻水脐橙
广安松针
板厂坪天麻
洪雅绿茶
通贤柚
金堂脐橙
天宝蜜柚
平武中蜂蜜

四川泡菜 Sichuan Paocai

四川泡菜富含以乳酸菌为主的功能菌群，具有开胃、健脾、促进消化、降低胆固醇、预防高血压等保健功效。荣获2010年农业部农产品地理标志、2017中国农产品百强区域公用品牌。

广元苍溪红心猕猴桃 Guangyuan Cangxi Hongxin Mihoutao

广元苍溪红心猕猴桃因其果心宛如初升旭日而得名，食之如野生蜜糖，清香四溢，回味悠长，老幼皆宜。荣获2010年中国地理标志证明商标、2013年中国驰名商标，入选中国特色农产品优势区（第一批）。

新津黄辣丁 Xinjin Huanglading

新津黄辣丁蛋白质、脂肪等主要营养成分含量高，且含有人体必需的多种氨基酸，尤以谷氨酸、赖氨酸含量较高。荣获2010年中国地理标志保护产品认证、2017年中国百强农产品公用区域品牌。

宜宾 油樟

Yibin Youzhang

宜宾是油樟的原生资源地，樟油产量占全国的70%以上。宜宾樟油具有浓郁的芳香气味，是重要的化工原料。荣获2017年中国地理标志保护产品认证，入选中国特色农产品优势区（第一批）。

眉山 丹棱脐橙

Meishan Danling Qicheng

眉山丹棱脐橙味香、易剥皮、无核，果肉橙色、脆嫩多汁，风味浓郁、营养丰富。荣获2013年农业部农产品地理标志。

广元米仓山 富锌富硒绿茶

Guangyuan Micangshan Fuxin Fuxi Lücha

广元米仓山富锌富硒绿茶色泽翠绿，香气浓郁持久；汤色嫩绿明亮，滋味鲜醇回甘，耐冲泡。荣获2009年中国地理标志保护产品认证、2015年中国驰名商标。

眉山曹家梨

Meishan Caojiali

眉山曹家梨果面光滑、肉多核小、甘甜爽口、风味醇香。荣获2009年农业部农产品地理标志、2017年中国地理标志保护产品认证。

会理石榴

Huili Shiliu

会理石榴产自中国石榴之乡，果大、色鲜、皮薄、粒大、核软、味甜、风味浓郁、品质上佳。荣获2007年中国地理标志保护产品认证、2016年全国名优果品区域公用品牌。

宜宾茵红李

Yibin Yinhongli

宜宾茵红李果皮较薄，果肉黄绿色，离核，质地嫩脆化渣，风味甜浓,清香爽口。荣获2013年农业部农产品地理标志。

宜宾竹海长裙竹荪

Yibin Zhuhai Changqun Zhusun

宜宾竹海长裙竹荪朵裙大、肉质厚，营养价值高，可食药两用，是天然的保健食品。荣获2010年农业部农产品地理标志。

会理黑山羊

Huili Heishanyang

会里黑山羊耐粗饲，易管理，抗病力强、生产性能高；板皮质量好，肉质细嫩、膻味轻，营养丰富。荣获2010年中国地理标志保护产品认证。

金堂姬菇

Jintang Jigu

金堂姬菇子实体韧性强，菌褶白色延生，口感脆嫩鲜滑，营养丰富，耐运输。荣获2011年农业部农产品地理标志。

合江真龙柚

Hejiang Zhenlongyou

合江真龙柚果实味甜、脆嫩、化渣、无苦麻味，果汁较多，风味浓，耐贮运。荣获2012年农业部农产品地理标志。

合江荔枝

Hejiang Lizhi

合江荔枝晚熟，皮薄艳丽，个头大、核细小、肉厚汁多，晶莹透明，脆嫩浓甜，清香馥郁，细腻化渣。荣获2009年中国地理标志证明商标。

攀枝花芒果

Panzhihua Mangguo

攀枝花芒果品种繁多，上市时间主要集中在8～11月，质地细、味道甜、香味浓、口感好。荣获2010年农业部农产品地理标志。

安岳柠檬

Anyue Ningmeng

中国地理标志保护产品

广元七绝

Guangyuan Qijue

四川著名特产

中国果桑之乡
中国地理标志保护产品

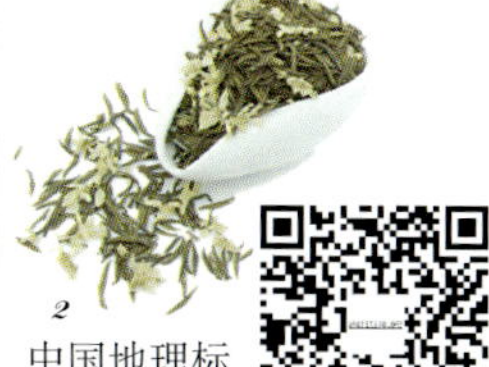

中国地理标志保护产品

四川知名品牌

中国地理标志证明商标
农业部农产品地理标志产品

中国地理标志保护产品

国家级新名茶

1. 德昌桑葚
2. 犍为茉莉花
3. 广元高山露地蔬菜
4. 剑门关土鸡
5. 邻水脐橙
6. 广安松针

天麻

纯天然、原生态产品

中国地理标志保护产品

洪雅绿茶

Hongya Lücha

中国地理标志保护产品

通贤柚

Tongxian You

金堂脐橙

Jintang Qicheng

中国脐橙之乡
中国第二届农业博览会金奖

天宝蜜柚

Tianbao Miyou

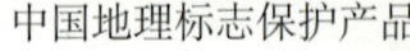

平武中蜂蜜

纯天然、原生态产品

贵州省特色农产品

推荐单位：贵州省农业委员会

虾子辣椒
兴仁薏仁米
遵义朝天椒
威宁洋芋
三穗鸭
贵州绿茶
黔北麻羊
织金竹荪
遵义红
榕江小香鸡

虾子辣椒 Xiazi Lajiao

虾子辣椒因虾子辣椒市场而得名，个小、色红、香浓、肉厚、油润鲜红、味道香辣。辣椒市场有句话叫“虾子辣椒，定价全国”，影响力可见一斑。荣获2009年中国地理标志保护产品认证、2017中国农产品百强区域公用品牌。

兴仁薏仁米 Xingren Yirenmi

兴仁薏仁米产自中国薏仁米之乡，具有食用保健和药用治疗之功效，是一般食品难以替代的特殊农产品。兴仁薏仁米为中国驰名商标，荣获2009年中国地理标志保护产品认证、2017中国农产品百强区域公用品牌。

遵义 朝天椒

Zunyi Chaotianjiao

遵义朝天椒因果实朝天而得名，被列入全国七大名椒之一。果型美观，风味浓香，且具有药用功能。入选中国特色农产品优势区名单（第一批）。

威宁 洋芋

Weining Yangyu

威宁县是中国南方马铃薯之乡，全国马铃薯种植和种薯繁育基地之一。威宁马铃薯多为中晚熟品种，干物质含量高，口感好；皮厚、耐运输、耐贮藏，保存时间长。荣获2009年中国地理标志证明商标、2017中国农产品百强区域公用品牌。

三穗鸭

Sansui Ya

三穗鸭是中国四大地方蛋系名鸭之一，1982年被录入《中国家禽品种志》，是中国优良的地方畜禽品种，产品具有广阔的发展前景。荣获2010年中国地理标志证明商标、2013年中国地理标志保护产品认证。

贵州绿茶

Guizhou Lücha

贵州绿茶以卷曲形、扁形、颗粒形、直条形为主，翡翠绿、嫩栗香、浓爽味。荣获2017年农业部农产品地理标志，2018年成功创建国家级农产品地理标志示范区。

黔北麻羊 Qianbei Mayang

黔北麻羊是贵州省三大优良地方山羊品种之一，具有耐粗饲、抗病力强、适应性广、肉质鲜美细嫩、皮张品质好、生产性能优等特点。2009年被农业部批准为新遗传育种资源，荣获2014年农业部农产品地理标志。

织金竹荪 Zhijin Zhusun

织金竹荪产自中国竹荪之乡，是在得天独厚的自然气候环境中培养出的一个优良食用菌品种，品质优良，风味独具，气息清香，味道鲜美，脆嫩爽口，久煮不烂，品质大大优于其他品种和其他产地的竹荪；以其清香、绿色和营养保健等特性一直深受美食家好评，产品畅销海内外。荣获2010年中国地理标志保护产品认证和中国地理标志证明商标。

遵义红 Zunyi Hong

遵义红红茶外形条索紧细、褐色油润、显金毫、匀净；汤色红艳明亮，香气纯正持久，滋味鲜爽醇厚，叶底嫩匀红亮。荣获2017年中国地理标志保护产品认证。

榕江小香鸡 Rongjiang Xiaoxiangji

榕江小香鸡是品质优良的地方土鸡品种，具有抗衰老、抑制癌细胞生长、调治妇科疾病等养生防病食疗功效。荣获2014年中国地理标志保护产品认证。

云南省特色农产品

推荐单位：云南省农业厅

昭通苹果
文山三七
德宏小粒咖啡
宣威火腿
广南八宝贡米
红河蒙自石榴
临沧勐库大叶种茶
昆明呈贡宝珠梨
红河泸西高原梨
楚雄武定鸡
怒江草果
大理巍山红雪梨
昭通朱提苦荞
大理诺邓火腿
丽江玉龙滇重楼
楚雄撒坝猪
昭通永善马楠半细毛羊
溪洛渡花椒
富民杨梅
大理独头大蒜
昆明富民茭瓜
会泽大洋芋
无量山乌骨鸡

昭通苹果 Zhaotong Pingguo

昭通被公认为是世界最好的苹果产地之一。昭通苹果以“成熟早、甜度好、香味浓、口感脆”而誉满天下，苹果外表色泽浓艳，含糖量高，

酸甜适度，肉质细脆，风味浓郁。荣获2016中国最有影响力的十大苹果区域公用品牌、2017中国农产品百强区域公用品牌。

文山三七 Wenshan Sanqi

文山三七是名贵的传统中药材，《本草纲目》记载：三七“属参中之王”。三七含有丰富的皂苷、氨基酸、多糖、黄酮等活性物质，是预防和治疗心脑血管疾病的中药明星。文山壮族苗族自治州三七种植面积和产量占全国的95%以上，是三七的原产地和核心主产区，三七品质最优。获评中国100个最具综合价值的地理标志产品之一，在中药材类中位列第一。荣获2017中国农产品百强区域公用品牌。

德宏小粒咖啡 Dehong Xiaoli Kafei

德宏小粒咖啡含油量多，具有优良的果酸味及温和而轻快的特殊口感，为稀少的加香品种；不但是速溶咖啡品种里的中坚力量，也是单品咖啡中的高档奢侈品。入选中国特色农产品优势区（第一批）。

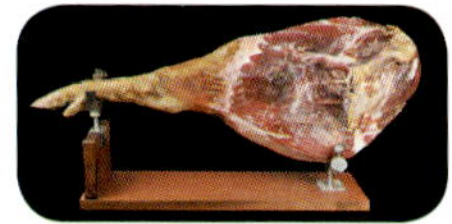

宣威火腿

Xuanwei Huotui

宣威火腿因地名而得名，传承千年，是云南省著名地方特产之一。产品驰名中外，香飘四海，被誉为华夏名腿。宣威火腿形似琵琶，只大骨小，皮薄肉厚，肥瘦适中；营养丰富、肉质滋嫩、油而不腻、香味浓郁、咸香回甜。荣获1915年巴拿马万国博览会金奖、2017中国农产品百强区域公用品牌。

广南八宝贡米

Guangnan Babao Gongmi

广南八宝贡米颗粒细长，形状如梭，白里透青，蛋白质含量高，营养丰富，米粒光亮，饭粒柔软细腻、香味浓郁、甘甜滋润、冷不回生。1981年被国家列为名贵米种优质米，荣获2015年中国地理标志保护产品认证。

红河蒙自石榴

Honghe Mengzi Shiliu

红河蒙自石榴产自中国石榴之乡，其粒大皮薄，晶莹剔透似红宝石，肉厚汁多，味清甜爽口，是不可多得的天然美食。荣获2016年农业部农产品地理标志、2010年中国优质石榴产品金奖。

临沧勐库大叶种茶

Lincang Mengku Daye Zhongcha

临沧勐库大叶种茶1984年被全国茶树良种审定委员会认定为全国第一批优良茶树品种，1985年全国农作物品种审定委员会认定为国家品种，荣获2015年农业部农产品地理标志，入选中国特色农产品优势区（第一批）。

昆明呈贡宝珠梨 Kunming Chenggong Baozhuli

昆明呈贡宝珠梨酸甜适口，具有养阴清热润肺的功效。荣获2006年第二届昆明国际农业博览会优质农产品金奖、2013年中国地理标志保护产品认证。

红河泸西高原梨 Honghe Luxi Gaoyuanli

红河泸西高原梨果肉白色，肉质特别细嫩，酸甜适中。荣获2005年第一届昆明国际农业博览会金奖、2013年中国地理标志保护产品认证。

楚雄武定鸡 Chuxiong Wudingji

楚雄武定鸡列“云南六大名鸡”之首。荣获2012年农业部农产品地理标志，2009年列入云南省畜禽遗传资源保护名录，2016年被认定为云南名牌农产品。

怒江草果 Nujiang Caoguo

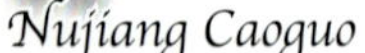

怒江草果产自云南优质草果种植基地，具有镇痛、抗胃溃疡、抗乙肝病毒等功效，用途广泛。属于原生态产品，云南著名品牌。

大理巍山红雪梨 Dali Weishan Hongxueli

大理巍山红雪梨维生素C含量居梨族之首。荣获2013年农业部农产品地理标志、2014年云南名牌农产品。

昭通朱提苦荞

Zhaotong Zhuti Kuqiao

昭通朱提苦荞可以制作成多种食品，特别是苦荞茶近年来深受人们喜爱，在众多苦荞茶中又以云南昭通朱提苦荞茶为最好。云南著名特产，享誉海内外。

大理诺邓火腿

Dali Nuodeng Huotui

大理诺邓火腿荣获2014年国家农产品地理标志，2016年第十四届中国国际农产品交易会金奖。

丽江玉龙滇重楼

Lijiang Yulong Dianchonglou

丽江玉龙滇重楼具有清热解毒、消肿止痛、凉肝定惊之功效，广泛用于各种中药生产和临床治疗。荣获2016年农业部农产品地理标志。

楚雄撒坝猪

Chuxiong Sabazhu

楚雄撒坝猪是云南省优良的地方猪种，2006年被列为国家级畜禽遗传资源保护品种。荣获2017年农业部农产品地理标志。

昭通永善马楠半细毛羊

Zhaotong Yongshan Manan Banximaoyang

昭通永善马楠半细毛羊具有肉用体型，羊毛品质优良，具有高强力、高弹性、高光泽的特点。云南著名特产，荣获2014年农业部农产品地理标志。

Xiluodu Huajiao

溪洛渡花椒

农业部农产品地理标志产品

富民杨梅

Fumin Yangmei

中国果品知名品牌

大理独头大蒜

中国地理标志保护产品

Dali Dutou Dasuan

农业部农产品地理标志产品

kunming fumin jiaogua

昆明富民茭瓜

Huize Dayangyu

会泽大洋芋

中国南方马铃薯种薯基地

中国国家畜禽遗传资源名录

Wuliangshan Wuguji

无量山乌骨鸡

西藏自治区特色农产品

推荐单位：西藏自治区农牧厅

日喀则青稞
帕里牦牛
亚东黑木耳
拉萨白鸡
益西卓嘎藏鸡蛋
索多西辣椒
岗德林蔬菜
鑫赛瓜果

日喀则青稞 Rikaze Qingke

青稞在青藏高原种植历史悠久，形成内涵丰富、极富民族特色的青稞文化，并有着广泛的药用及营养价值。日喀则出产的洛旦糌粑、喜孜青稞酒和藏巴青稞方便面已成为区内知名品牌，“阿古邢巴”“喜孜奶羌”被评为西藏自治区著名商标，入选中国特色农产品优势区（第一批）。

帕里

Pali Maoniu

帕里牦牛肉被誉为“牛肉之冠”，其肉质鲜美，富含蛋白质和氨基酸，脂肪含量低，热量高，对增强人体抗病力、细胞活力和器官功能均有显著作用。荣获2015年中国地理标志证明商标、2017中国农产品百强区域公用品牌。

亚东黑木耳 Yadong Heimuer

日喀则亚东黑木耳盘圆、色深、质厚，肉质细腻，脆滑爽口，营养丰富，富含蛋白质、脂肪和多种维生素，被誉为“素中之荤”。荣获2017中国农产品百强区域公用品牌、2018年全国百家合作社百个农产品品牌。

拉萨白鸡 Lasa Baiji

拉萨白鸡属蛋肉兼用型鸡种，母鸡年产蛋180 ~ 220枚，蛋重48 ~ 50克，产蛋率为60% ~ 70%。蛋壳以白色为主，质地紧密较厚，蛋黄呈金黄色，色浓圆大，蛋清光亮。荣获2018年农业农村部农产品地理标志。

益西卓嘎藏鸡蛋 Yixizhuoga Zangjidan

益西卓嘎藏鸡蛋主要由卵白蛋白和卵球蛋白构成，富含人体必需的18种氨基酸。荣获2015年全国百家合作社百个农产品品牌。

索多西辣椒 *Suoduoxi Lajiao*

索多西辣椒纯天然种植，香辣可口，是真正的绿色食品。荣获2014年中国地理标志保护产品认证。

岗德林蔬菜 *Gangdelin Shucai*

岗德林无公害蔬菜没有受任何有害物质污染，产品新鲜、发育正常、个体整齐、口味俱佳、食用安全。西藏知名品牌，广受消费者喜爱。

Xinsai Guaguo

鑫赛瓜果皮薄瓜甜，口感极佳，含有丰富的氨基酸、苹果酸等有机酸，以及果胶物质、少量苷类、多种生物碱等营养物质。西藏知名品牌，值得消费者信赖。

陕西省 特色农产品

推荐单位：陕西省农业厅

洛川苹果
眉县猕猴桃
大荔冬枣
商洛核桃
米脂小米
横山大明绿豆
户县葡萄
洋县黑米
凤翔苹果
柞水黑木耳
留坝蜂蜜
城固蜜橘
直罗贡米
靖边荞麦
阎良甜瓜
平利女娲茶
略阳乌鸡
佳县红枣
商洛香菇
洛南核桃
镇安象园茶

洛川苹果 Luochuan Pingguo

洛川苹果果型端庄，果色艳丽，果肉黄白，细嫩致密，脆甜多汁，果香浓郁。鲜食美味，熟食绵软，可加工成脆片、果酱、果汁、果酒等。荣获2008年中国地理标志证明商标、2017中国农产品百强区域公用品牌，入选中国特色农产品优势区（第一批）。

眉县猕猴桃 Meixian Mihoutao

眉县猕猴桃果形端正，果面洁净，肉细多汁，酸甜爽口，具有多种水果的混合香味；果肉有绿肉、红肉、黄肉等种类。荣获2010年农业部农产品地理标志、2017中国农产品百强区域公用品牌。

大荔冬枣 Dali Dongzao

大荔冬枣果实近圆形，单果重20克左右，皮薄光洁；果肉乳白色，口感细脆甜香。荣获2011年农业部农产品地理标志、2017中国农产品百强区域公用品牌。

商洛核桃 Shangluo Hetao

商洛核桃产自中国核桃之乡，有2000多年的栽培历史，以个大、仁饱、皮薄著称，畅销海内外。1958年，曾获毛泽东主席肯定。荣获2011年农业部农产品地理标志，入选中国特色农产品优势区（第一批）。

米脂小米 Mizhi Xiaomi

米脂小米色泽金黄，颗粒浑圆，晶莹明亮，质黏味香，可储存数年，米质不变。荣获2008年农业部农产品地理标志。

横山大明绿豆 Hengshan Daming Lüdou

横山大明绿豆呈圆柱形，深绿色有光泽，百粒重6.5～8.0克，含蛋白质、脂肪、淀粉比重高。荣获2008年农业部农产品地理标志。

户县葡萄 Huxian Putao

户县葡萄色泽鲜美，果肉细脆，无肉囊，酸甜可口，有独特的拐枣香。荣获2012年中国地理标志保护产品认证。

洋县黑米 Yangxian Heimi

洋县黑米粒呈细长或椭圆形，表皮黝黑，内里皎白；熬粥汤汁黏稠，蒸煮油亮醇香，口感绵软。荣获2016年农业部农产品地理标志。

凤翔苹果 Fengxiang Pingguo

凤翔苹果个大，酸甜适中、酥脆多汁。荣获2017年农业部农产品地理标志、2015年中国果品区域公用品牌50强。

柞水黑木耳 Zhashui Heimuer

柞水黑木耳耳面呈黑褐色，有光亮感，背面暗灰色，片大、肉厚、鲜嫩，营养丰富。荣获2010年农业部农产品地理标志。

留坝蜂蜜

Liuba Fengmi

留坝蜂蜜颜色金黄或琥珀色，质地如沙，入口绵软细腻，芳香浓郁。荣获2015年农业部农产品地理标志。

城固蜜橘 Chenggu Miju

城固蜜橘果皮细薄易分离，果实肉质细嫩多汁，易化渣，酸甜适度，风味浓郁。荣获2008年农业部农产品地理标志。

直罗贡米

Zhiluo Gongmi

直罗贡米短圆饱满，米色清白透亮，煮粥浓稠，蒸饭醇香，油润爽弹，韧性强、口感好。荣获2016年农业部农产品地理标志。

靖边荞麦 *Jingbian Qiaomai*

靖边荞麦内皮淡绿，出粉率高，含丰富的膳食纤维和铁、锰、锌等微量元素。荣获2017年农业部农产品地理标志。

阎良甜瓜 *Yanliang Tiangua*

阎良甜瓜成熟期早，外形美观，果肉细腻，汁多瓤沙，脆甜爽口，皮厚耐贮运，供货期长。荣获2010年农业部农产品地理标志。

平利女娲茶 *Pingli Nüwacha*

平利女娲茶外形匀齐，色泽翠绿，汤色清亮，香气高长，滋味醇厚，耐冲泡。荣获2010年农业部农产品地理标志。

略阳乌鸡 *Lüeyang Wuji*

略阳乌鸡乌皮、乌腿、乌趾、乌喙、乌冠、乌舌；炖汤皮肉相连，肉质紧实，汤汁浓香，无腥味。荣获2017年农业部农产品地理标志。

佳县红枣

Jiaxian Hongzao

佳县红枣果实中大，圆柱形；果皮厚，色浓红；肉厚、汁少、味甜、油分大，宜干制。荣获2008年农业部农产品地理标志。

商洛香菇

Shangluo Xianggu

商洛香菇肉厚而紧实,闻之淡香,食之细嫩鲜美，具有高蛋白、低脂肪等特点，是有保健作用的健康食品。荣获2017年农业部农产品地理标志。

洛南核桃

Luonan Hetao

洛南核桃壳薄光滑，仁饱，易剥落，色白，口感油香滑润，微甜，无涩味。荣获2011年农业部农产品地理标志。

镇安象园茶

Zhen'an Xiangyuancha

镇安象园茶多选清明前后一芽二叶，嫩绿光润，肉厚而鲜；冲泡后，汤色新绿，回甘持久，耐冲泡。荣获2015年农业部农产品地理标志。

甘肃省
特色农产品

推荐单位：甘肃省农牧厅

庆阳苹果
定西马铃薯
陇西黄芪
陇西白条党参
平凉金果
庆阳白瓜子
武威酿酒葡萄
肃南牦牛肉
秦安蜜桃
平凉红牛
民勤蜜瓜
康县黑木耳
庆阳小米
兰州软儿梨
天祝白牦牛
民勤羊肉
敦煌李广杏
金塔番茄
两当狼牙蜜
庆阳香瓜
肃南甘肃高山细毛羊

NYC

庆阳苹果 Qingyang Pingguo

庆阳苹果果实硬度大、色泽鲜艳、蜡质层厚、酸甜适度、口感上佳，耐贮运。荣获2015年中国果品区域公用品牌50强、2017中国农产品百强区域公用品牌。

Dingxi Malingshu 定西马铃薯

定西马铃薯已有200余年种植史。薯块大、薯皮光滑、薯形整齐，干物质含量高、口感好，耐运输、耐贮藏。荣获2012年中国驰名商标、2017中国农产品百强区域公用品牌，入选中国特色农产品优势区(第一批)。

陇西黄芪 *Longxi Huangqi*

陇西黄芪在南北朝时期就有记载。其根条粗大、质坚而绵、粉性足，有益气固表、敛汗固脱、托疮生肌、利水消肿之功效。荣获2016年中国地理标志保护产品认证、2017年中国驰名商标。

陇西白条党参 *Longxi Baitiao Dangshen*

陇西白条党参主根呈圆柱形，条长直、粗壮，皮紧，肉厚，味甘甜；有养血、健脾、补中、益气、降压、生津、抗癌之功效。荣获2003年中国地理标志保护产品认证。

平凉金果 *Pingliang Jinguo*

平凉金果外形美观，肉质细嫩、酸甜爽口、香味浓郁、营养丰富，供货期长。荣获2006年中国地理标志保护产品认证、中国驰名商标。

庆阳白瓜子 Qingyang Baiguazi

庆阳白瓜子籽粒大，种皮薄，籽仁饱满，脂肪含量高，口感清香。荣获2016年农业部农产品地理标志。

武威酿酒葡萄 Wuwei Niangjiu Putao

武威从西汉时就开始种植葡萄，其酿酒葡萄成熟充分、甜酸适中，无病虫害。荣获2014年农业部农产品地理标志。

肃南牦牛肉 Sunan Maoniurou

肃南牦牛肉肌纤维细、鲜嫩多汁、肉用品质好，熟肉率高；肉汤清澈透明，脂肪团聚于表面，香味浓郁。荣获2014年农业部农产品地理标志。

秦安蜜桃 Qin'an Mitao

秦安蜜桃在汉代已广泛栽培，其个大、色艳、味美、质优，在唐代被定为皇家贡品。荣获2008年中国地理标志保护产品认证。

平凉红牛 Pingliang Hongniu

平凉红牛肉质细嫩，大理石花纹明显，香味独特。荣获2008年甘肃省著名商标、2008年中国地理标志证明商标。

民勤蜜瓜 Minqin Migua

民勤蜜瓜瓤厚汁多，色醇、味香、柔嫩，含糖量高，耐贮存。荣获1995年中华老字号称号、2011年中国地理标志保护产品认证。

康县黑木耳 Kangxian Heimuer

康县黑木耳朵大肉厚，色泽黑褐，口感柔软，香绵润滑，味道鲜美，营养丰富。荣获2008年中国地理标志保护产品认证。

庆阳小米 Qingyang Xiaomi

庆阳小米米质黄亮光泽，圆润饱满，大小均匀，明代被定为皇家贡品。荣获2013年农业部农产品地理标志。

兰州软儿梨 Lanzhou Ruan'erli

兰州软儿梨浆液汁多，味甜胜似蜂蜜，且富酒味；饮之甜津津、凉丝丝，清香无比，沁人肺腑，余味久久不绝。荣获2015年农业部农产品地理标志。

天祝白牦牛

Tianzhu Baimaoniu

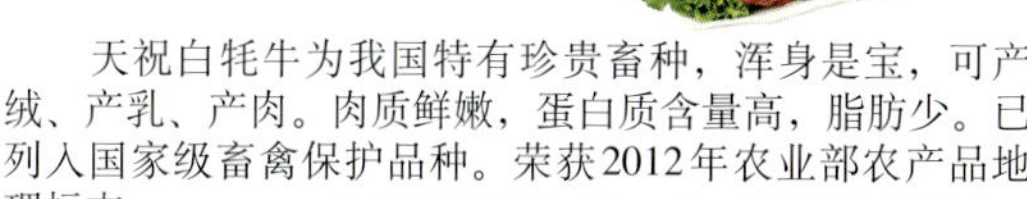

天祝白牦牛为我国特有珍贵畜种，浑身是宝，可产绒、产乳、产肉。肉质鲜嫩，蛋白质含量高，脂肪少。已列入国家级畜禽保护品种。荣获2012年农业部农产品地理标志。

民勤羊肉

Minqin Yangrou

民勤羊肉膻腥味轻、蛋白质含量高、肉内脂肪适中，肉质鲜嫩、味道鲜美。荣获2014年中国地理标志保护产品认证。

敦煌李广杏

Dunhuang Liguangxing

敦煌李广杏果实金黄色，果肉致密金黄，皮薄肉多核小，味甜汁多，富浓香，仁甜。荣获2016年中国地理标志保护产品认证。

金塔番茄果肉较厚，抗裂，耐压。可作水果鲜食，清脆爽口，无苦涩味；也可做凉拌菜、炒食。荣获2013年农业部农产品地理标志。

金塔番茄 Jinta Fanqie

两当狼牙蜜 Liangdang Langyami

两当狼牙蜜色泽清亮、香味馥郁温馨，味道爽口醇香，甜而不腻。荣获2005年甘肃省名牌产品、2008年中国地理标志保护产品认证、2014年甘肃省著名商标。

庆阳香瓜 Qingyang Xianggua

庆阳香瓜果肉肥厚多汁，内腔小，肉质细腻，脆甜爽口，香味浓郁。荣获2015年农业部农产品地理标志。

肃南甘肃高山细毛羊 Sunan Gansu Gaoshan Ximaoyang

肃南甘肃高山细毛羊适应性好、抗病力强；平均产毛量达3.84千克，产肉量达20千克以上；羊肉风味鲜美，肉色鲜红，肉质细嫩。荣获2013年农业部农产品地理标志。

青海省特色农产品

推荐单位：青海省农牧厅

互助八眉猪
玉树牦牛
大通牦牛
祁连牦牛
互助葱花土鸡
柴达木枸杞
雏峰阁蜂蜜
乐都长辣椒
乐都大樱桃
泽库藏羊
龙羊峡三文鱼
同仁黄果梨
湟源胡萝卜
泽库黄蘑菇
乐都紫皮大蒜
湟源陈醋
大通鸡腿葱
循化振荣核桃柚
互助油菜籽

互助八眉猪 Huzhu Bameizhu

互助八眉猪耐饥耐寒、耐苦、耐粗放管理,抗逆性、抗病力强,母猪繁殖能力强;肉质细嫩,色泽鲜红,散发自然肉香味,瘦肉肉质较细且脂肪沉积较多。荣获2012年农业部农产品地理标志、2017中国农产品百强区域公用品牌。

玉树牦牛 Yushu Maoniu

玉树牦牛终年放牧于高寒天然草场,春夏季饮用河水,冬季以采食积雪为主;胴体肌肉呈大理石纹,富有弹性;野味十足,有嚼劲;不饱和脂肪酸、必需脂肪酸、铁元素含量丰富。荣获2016年农业部农产品地理标志、入选中国特色农产品优势区(第一批)。

Datong Maoniu 大通牦牛

大通牦牛肉有光泽,色泽略深,纹路清晰,脂肪呈淡黄色;肉汤澄清透明,具有“高蛋白、低脂肪、热能大、肉质鲜嫩多汁、口感嚼劲十足”的特征。荣获2013年中国地理标志保护产品认证、2017中国农产品百强区域公用品牌。

祁连牦牛

Qilian Maoniu

祁连牦牛肉质光泽、润滑，肉色深红，脂肪淡黄色，弹性好，口味鲜美、野味十足，属于牛肉中的精品。荣获2018年农业农村部农产品地理标志。

互助葱花土鸡 *Huzhu Conghua Tuji*

互助葱花土鸡肉质鲜嫩、脂肪含量低，风味独特，常用作当地老、幼、病、妇等人群的滋补佳品。荣获2012年农业部农产品地理标志。

柴达木枸杞

Chaidamu Gouqi

诺木洪枸杞为浆果，球形，肉厚、色润、甘甜，可用于辅助治疗心脏病等病症，具有很好的药用价值。荣获2013年农业部农产品地理标志，2015中欧地理标志互认产品。

雏峰阁 Chufengge Fengmi

雏蜂阁蜂蜜散发油菜花香气，柔润适口，甜而不腻，略具辛辣味，贮放日久辣味减轻，浅琥珀色，略混浊。2010—2013年被评为海北州知名商标。

乐都 长辣椒 Ledu Changlajiao

乐都长辣椒果实深绿，红果暗红，果实长锥形，果顶部渐尖，花萼下包，果皮薄，风味辣，有芳香味。荣获1995年全国农业博览会银奖、2010年农业部农产品地理标志。

乐都 大樱桃 Ledu Dayingtao

乐都大樱桃个头大、色泽鲜艳，皮薄肉软、细腻多汁、甜酸可口，含糖量高。荣获2010年农业部农产品地理标志。

泽库藏羊

Zeku Zangyang

泽库藏羊肉色鲜红,有光泽和韧性，煮沸后肉汤澄清透明，膻味小，口感好，肥瘦相间、香味浓郁。荣获2015年农业部农产品地理标志。

龙羊峡三文鱼

Longyangxia Sanwenyu

龙羊峡三文鱼肉质紧实，营养丰富。青海著名品牌，声名远播。2018年获得农业部绿色食品认证。

同仁黄果梨

Tongren Huangguoli

同仁黄果梨色泽金黄，皮薄松软；果肉酸味独特，清香沁人，出汁率高，口味酸甜适中。荣获2015年农业部农产品地理标志。

湟源胡萝卜

Huangyuan Huluobo

青海知名品牌，纯生态产品，享誉省内外。荣获2017年农业部农产品地理标志。

泽库 Zeku Huangmogu 黄蘑菇

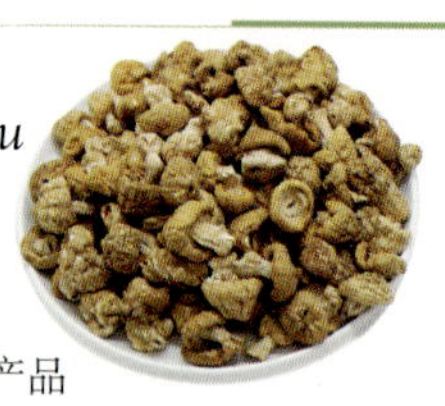

农业部农产品地理标志产品

乐都 Ledu Zipi Dasuan 紫皮大蒜

中国地理标志保护产品

Huangyuan Chencu 湟源陈醋

中国地理标志保护产品

Datong Jituicong 大通鸡腿葱

农业部农产品地理标志产品

Xunhua Zhenrong Hetaoyou 循化振荣核桃油

中国驰名商标
中国地理标志保护产品

Huzhu Youcaizi 互助油菜籽

农业部农产品地理标志产品

中国 特色农产品精萃

宁夏回族自治区特色农产品

推荐单位：宁夏回族自治区农牧厅

盐池滩羊
中宁枸杞
沙湖大鱼头
宁夏大米
宁夏枸杞
六盘山冷凉蔬菜
西吉马铃薯
香山硒砂瓜
固原黄牛
兴唐贡米
夏进肥牛
塞外香大米
盐池黄花菜
夏进牛奶
百瑞源锁鲜枸杞
灵武长枣
森淼红运果

盐池滩羊

Yanchi Tanyang

盐池滩羊肉肌纤维细、风味鲜美、口感爽滑，胆固醇含量低，所产二毛裘皮是宁夏五宝之一。荣获2008年宁夏著名商标、2010年中国驰名商标、2017中国农产品百强区域公用品牌、入选中国特色农产品优势区（第一批）。

中宁枸杞

Zhongning Gouqi

中宁枸杞皮薄肉厚、味甘甜略带苦味，总糖含量低，是国内唯一被载入新中国药典的枸杞品种。荣获2001年国家地理标志证明商标、2009年中国驰名商标、2017中国农产品百强区域公用品牌、入选中国特色农产品优势区（第一批）。

沙湖大鱼头

Shahu Dayutou

沙湖大鱼头肉质细腻，味道鲜美，富含胶原蛋白、维生素等，被称为天然的“脑黄金”。荣获2010年农业部农产品地理标志、2017中国农产品百强区域公用品牌。

宁夏大米

Ningxia Dami

宁夏大米米粒椭圆形，晶莹剔透，饭粒完整，入口油润。荣获2008年农业部农产品地理标志、2016中国十大大米区域公用品牌。

宁夏枸杞

Ningxia Gouqi

宁夏枸杞在明弘治十四年被确定为御用。其肉厚籽少，甘甜不腻，味微苦稍涩，余味甘。荣获2008年中国地理标志保护产品认证、2009年中国驰名商标。

六盘山冷凉蔬菜

Liupanshan Lengliangshucai

六盘山冷凉蔬菜产自中国冷凉蔬菜之乡，色泽鲜亮、脆嫩多汁，芳香甘甜，因其营养丰富、美味可口而深受消费者喜爱。宁夏著名品牌，享誉省内外。

西吉马铃薯

Xiji Malingshu

西吉马铃薯煮熟时，表皮爆开，香味四溢，口感香而滑润，是宁夏马铃薯品质的代表。荣获2009中国地理标志证明商标、中国驰名商标。

香山硒砂瓜

Xiangshan Xishagua

香山硒砂瓜瓜瓤呈粉红色，果肉鲜嫩、汁多，甘甜如蜜。荣获2010年中国驰名商标、第十四届中国国际农产品交易会金奖。

固原黄牛 Guyuan Huangniu

固原黄牛肉脂肪洁白、肌肉红润，肉质鲜嫩，脂肪镶嵌于肌肉之中，脂肪含量相对较低。荣获2016年中国地理标志保护产品认证。

兴唐贡米 Xingtang Gongmi

兴唐贡米在唐代就为太宗李世民推崇，其颗粒均匀整齐、晶莹如玉、成饭后油润爽口、清香四溢。荣获2010年中国驰名商标、第四届中国国际有机食品博览会金奖。

夏进肥牛 Xiajin Feiniu

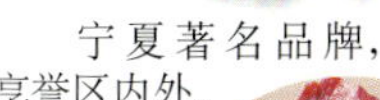

宁夏著名品牌，享誉区内外。

塞外香大米 Saiwaixiang Dami

宁夏著名品牌，享誉区内外。

盐池 黄花菜

Yanchi Huanghuacai

农业部农产品地理标志产品

夏进

Xiajin Niunai

宁夏回族自治区知名品牌

百瑞源

Bairuiyuan Suoxian Gouqi

第十五届中国国际农产品交易会金奖

中国地理标志保护产品

灵武

Lingwu Changzao

森淼

Senmiao Hongyunguo

宁夏回族自治区知名品牌

新疆维吾尔自治区特色农产品

推荐单位：新疆维吾尔自治区农业厅

阿克苏苹果
库尔勒香梨
和田御枣
吐鲁番哈密瓜
新疆吐鲁番无核白葡萄
阿克陶巴仁杏
阿克苏核桃
阿图什无花果
沙雅罗布麻蜂蜜
岳普湖小茴香
天莱香牛
库车小白杏
库车药桑
雪花面粉
恰玛古
色麦提杏
阿瓦提长绒棉
白阿图什木纳格葡萄
新疆红花
吉木萨尔白皮大蒜

阿克苏苹果 Akesu Pingguo

阿克苏苹果黄绿底色、面红带油，果肉乳黄色，硬度高而脆，水分足、果香浓郁，肉细无残渣，果酸含量足，酸甜适口。荣获2014年中国驰名商标、2017中国农产品百强区域公用品牌，入选中国特色农产品优势区（第一批）。

库尔勒香梨 Kuerle Xiangli

库尔勒香梨果皮薄，质脆，果肉白色，肉质细嫩，多汁味甜，耐贮藏，可实现季产年销。荣获1924年法国万国博览会银奖、2004年中国地理标志保护产品认证、2017中国农产品百强区域公用品牌。

和田御枣 *Hetian Yuzao*

和田御枣皮薄、核小、肉厚、颜色好，含糖量高，干而不皱。荣获2011年农业部农产品地理标志、2017中国农产品百强区域公用品牌。

吐鲁番哈密瓜 *Tulufan Hamigua*

吐鲁番哈密瓜果肉橘红，肉质松脆多汁，口感脆爽、味醇正。荣获2012年最受消费者喜爱的中国农产品区域公用品牌、2012年最具影响力中国农产品区域公用品牌、入选中国特色农产品优势区（第一批）。

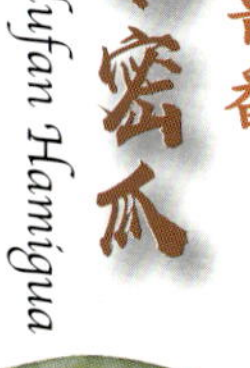

吐鲁番无核白葡萄 *Tulufan Wuhe Baiputao*

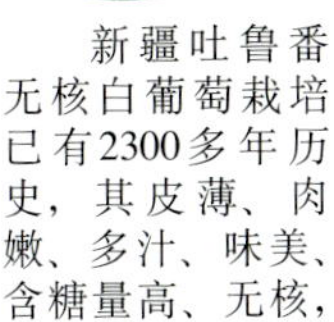

新疆吐鲁番无核白葡萄栽培已有2300多年历史，其皮薄、肉嫩、多汁、味美、含糖量高、无核，鲜食、制干皆益。荣获2015年中国十大葡萄品牌。

阿克陶巴仁杏

Aketao Barenxing

阿克陶巴仁杏体大、肉艳、色鲜、肉厚、仁甜，酸甜可口。晒制杏干味甜，晒干率高于其他品种。荣获国际、国内有机食品认证。

阿克苏核桃 *Akesu Hetao*

阿克苏核桃个大壳薄，饱满实在，易取整仁，出仁率和出油率高；仁色浅，味香甜。荣获2006年新疆著名商标、2007年中华名果。

阿图什无花果 *Atushi Wuhuaguo*

阿图什无花果是一种稀有水果，果肉细软，营养丰富，果味甘甜如蜜。果实具有健胃清肠、消肿解毒的功效。荣获国内有机食品认证。

沙雅罗布麻蜂蜜

Shaya Luobuma Fengmi

沙雅罗布麻蜂蜜蜜香纯正、口感绵甜、营养活性高，是医食兼备的珍稀绿色产品。荣获2013年农业部农产品地理标志。

岳普湖小茴香

Yuepuhu Xiaohuixiang

岳普湖小茴香色泽翠绿、籽粒饱满、香味纯正，有安神、止疼、醒脑、通脉、降火、平肝等功效。荣获2016年农业部农产品地理标志。

Tianlai Xiangniu 天莱香牛

天莱香牛肉质紧实、多汁、鲜嫩，口感醇香。通过国家检测和国际国内4项有机食品认证。

库车小白杏

Kuche Xiaobaixing

库车小白杏果肉厚、肉细、汁液多、纤维少，含糖量高，清香蜜甜；果仁丰满、微甜、脆香。荣获2014年农业部农产品地理标志。

库车药桑 *Kuche Yaosang*

库车药桑是一种珍贵的保健水果，维生素含量丰富，有补肝肾、明目、生津、补血、祛风等药用价值。荣获2015年中国地理标志保护产品认证。

新疆维吾尔自治区知名品牌

农业部农产品地理标志产品

新疆维吾尔自治区知名品牌

中国地理标志证明商标

新疆维吾尔自治区知名品牌

1. 雪花面粉
2. 恰玛古
3. 色麦提杏
4. 阿瓦提长绒棉
5. 白阿图什木纳格葡萄
6. 新疆红花
7. 吉木萨尔白皮大蒜

中国地理标志证明商标

中国特色农产品精萃

新疆生产建设兵团特色农产品

推荐单位：新疆生产建设兵团农业局

石河子鲜食葡萄
阿拉尔薄皮核桃
博乐红提
淖毛湖哈密瓜
阿力玛里树上干杏
一〇三团甜瓜
新疆兵团四十八团红枣
六十八团大米
新疆兵团五团苹果

石河子鲜食葡萄

Shihezi Xianshi Putao

石河子鲜食葡萄果色鲜红色，果面光洁，果粒均匀，果肉较硬，风味甜，口味纯正、果香浓郁、酸甜适宜。荣获2013年农业部农产品地理标志、2017中国农产品百强区域公用品牌。

阿拉尔薄皮核桃

Alaer Baopi Hetao

阿拉尔薄皮核桃果个大，壳薄，壳面光滑，呈自然黄白色；手捏即开，易取整仁；果肉嫩白，口感香脆，咀嚼无涩味。荣获2015年农业部农产品地理标志，入选中国特色农产品优势区（第一批）。

博乐红提

Bole Hongti

博乐红提蜡质厚，果粉匀，鲜红色至紫红色，果皮薄，肉质爽脆，采收时糖度达14%～20%。荣获2010年农业部农产品地理标志。

淖毛湖哈密瓜

Naomaohu Hamigua

淖毛湖哈密瓜肉质酥、脆、细、甜，口感较好，纤维少，采收时测定瓜中心糖度达14%～17%。荣获2010年农业部农产品地理标志。

阿力玛里树上干杏

Alimali Shushang Ganxing

阿力玛里树上干杏色泽深黄透亮，果肉绵甜可口，核壳极薄，轻磕即破，果仁香甜。荣获2010年农业部农产品地理标志、2016年全国一村一品十大知名品牌。

一〇三团甜瓜

Yi Ling San Tuan Tiangua

一〇三团甜瓜肉质松脆多汁，口感好，耐运抗病，采收时中心糖度达15%～17%。荣获2011年农业部农产品地理标志。

新疆兵团 *Xinjiangbingtuan*

四十八团红枣

Sishiba Tuan Hongzao

四十八团红枣皮薄肉厚，肉质致密较脆，核小味甜。干枣有弹性，受压后能复原。荣获2014年农业部农产品地理标志。

六十八团大米

Liushiba Tuan Dami

六十八团大米粒形椭圆形或圆形，透明或半透明，米粒饱满，质地硬而有韧性，蒸出的米饭柔软、黏性好，油润可口，馨香飘逸。荣获2010年农业部农产品地理标志。

新疆兵团 *Xinjiangbingtuan*

五团苹果

Wu Tuan Pingguo

五团苹果果形端正丰满，果肉细腻，汁多味甜，酥脆爽口，皮薄无渣、风味好。荣获2018年农业农村部农产品地理标志。